全国青少年信息学竞赛培训教材

轻松学编程

马敏 田钰 / 编著

中国科学技术大学出版社

内 容 简 介

本书通过详实例题,循序渐进地介绍中小学生计算机程序设计的各种知识,内容包括数据的存储和读入、程序的选择执行、程序段的反复执行、数据的批量存储等,旨在普及计算机科学教育,培养中小学生的计算思维能力,着重于实用与实战。在算法分析和应用上,简明扼要,细致清晰,便于学生自学和教师上课;对于习题部分,提供详细的解题步骤、策略与标程,便于学生上机练习。本书可作为中小学信息学奥赛辅导教材,也可供对计算机编程感兴趣的中小学生自主学习使用。

图书在版编目(CIP)数据

轻松学编程/马敏,田钰编著. —合肥:中国科学技术大学出版社,2020.12(2023.5 重印)
ISBN 978-7-312-04826-5

Ⅰ.轻… Ⅱ.①马…②田… Ⅲ.程序设计—中小学—教学参考资料 Ⅳ.G634.673

中国版本图书馆 CIP 数据核字(2020)第 064812 号

轻松学编程
QINGSONG XUE BIANCHENG

出版	中国科学技术大学出版社
	安徽省合肥市金寨路 96 号,230026
	http://press.ustc.edu.cn
	http://zgkxjsdxcbs.tmall.com
印刷	安徽省瑞隆印务有限公司
发行	中国科学技术大学出版社
开本	787 mm×1092 mm 1/16
印张	13.75
字数	352 千
版次	2020 年 12 月第 1 版
印次	2023 年 5 月第 2 次印刷
定价	50.00 元

序

从 2000 年开始，计算机逐渐进入中国千家万户，最先在各个高校掀起学习编程的热潮，各类大学生编程竞赛、机器人竞赛都在如火如荼地进行着。然而，编程教育却并未在青少年群体中得到很好的普及和发展。在互联网的浪潮下，我们的下一代将直面信息技术的冲击。一方面，现在青少年使用自用设备的比例非常高，每个学生日常生活中会使用到 3 个设备：平板电脑、台式机和手机。而编程对青少年而言，不仅仅是一项简单的技能，更是未来生存所需。另一方面，国家对于编程教育的重视度也在不断提升，2017 年 7 月国务院颁发了新一代人工智能指导性文件，提及要在中小学阶段逐步推广编程教育。

但就目前的实际普及情况来看，中国编程教育的发展仍较为滞后。《2017—2023 年中国少儿编程市场分析预测研究报告》显示，美国 K12 阶段（6—18 岁）约有 67.5% 的孩子已接受在线编程教育，而中国的渗透率仅为 0.96%，即每 100 个中国青少年中只有 1 个孩子接受过编程教育。因此，加大编程教育的普及力度，为青少年提供计算机编程课程已迫在眉睫。

本书以通俗易懂、生动风趣的语言，使孩子们在轻松的氛围中熟悉编程的相关概念，如数据类型、循环语句、输入输出、字符串等。同时，作者把部分晦涩难懂的编程概念变成通俗易懂的图形界面，帮助孩子们脱离枯燥无味的纯语言教学，使他们体会到编程的乐趣。考虑到爱玩是孩子们的天性，本书设计了各种有趣的小故事，每一个故事就是一个编程小游戏。让孩子们在享受故事乐趣的同时，也能思考背后的编程原理，进而激发他们的创作能力和动手实践能力。孩子们只要学到一点知识就可以开发简单的游戏，获得成就感。用这种寓教于乐的教学理念，让他们在快乐中学习，在学习中获得知识与提升能力。本书旨在培养青少年的逻辑思维能力、想象力和创造力以及综合学科能力。

本书由马敏、田钰编著，作者均是身居一线的资深教师，具有丰富的青少年编程教学经验，特别是我的老朋友、第一作者马敏。他是安徽省信息技术骨干教师，全国信息学奥赛优秀指导老师，合肥市科协第八届代表大会代表，担任安徽基础教育资源审查专家库成员、安徽计算机学会理事等职位。2010—2018 年，他辅导的多名学生获得了非常优异的成绩，其中 2018 年辅导的六年级学生徐勤获得全国青少年信息学奥林匹克联赛（NOIP）高中组全国一等奖，系安徽省首次获得此项殊荣。马老师先进的教学理念、丰富的教学经验与尽职的教学态度在本书中体现无疑，在编著过程中也充分考虑了青少年的认知过程和接受能力，在内容方面进行了精心编排，从初识C＋＋语言开始，初步讲解究竟什么是编程语言，再到基本的概念介绍，最后再用所学的知识解决生活中的各种难题，由浅入深，逐步提高。

本书给青少年带来的不仅是认知和思考，更是创作和动手实践的乐趣，所以大家赶紧学起来吧！

谷雨

前　言

　　1984年，邓小平就提出"计算机的普及要从娃娃抓起"，计算机科学教育的核心是算法设计和编程。信息学奥赛与数、理、化、生并称为五大学科竞赛，是面向全国青少年的信息学竞赛和普及活动。其宗旨是给学校的信息技术教育课程提供动力和新的思路，通过竞赛和相关的活动培养和选拔优秀计算机人才。

　　本书融合了众多学科的知识，既有逻辑推理，又有语言学习；既有科学验证，又有益智游戏编程。本书通过趣味故事引出算法题，没有高深的原理，也没有枯燥的公式；通过大量的实例分析算法本质，并给出代码实现的详细过程和运行结果，让学生乐于学习。此外，采用升级打怪的模式，层层挑战，在突破层层的光卡中，提升学生的技能，使学生掌握算法设计和编程。

　　本书具有以下特点：

　　（1）实例丰富，通俗易懂。从有趣的西游记故事引入算法，从简单到复杂，能够使学生在学习中体会到算法的设计思想。

　　（2）深入浅出，抓住本质。采用伪代码描述算法，既简洁易懂，又能抓住本质，算法描述及注释使代码更加通俗易懂。对算法设计分析全面细致，既有每一步的分析过程，也有直观的绘图演示。

　　（3）实战演练，层层递进。每一个关卡都进行实战演练，让学生在实战中掌握知识，从而提高思考能力和实践能力。

　　这是一本符合中小学学生心理、适合中小学生学习的图书，也可以帮助一线教师轻松地开设拓展课程，开展社团、竞赛等活动，让广大中小学生轻松、有趣的学习。

目 录

序 ·· (i)

前言 ·· (iii)

语 言 篇

第 1 章 初识 C++语言 ··· (3)
   1.1 C++语言简介 ·· (3)
   1.2 赋值语句、输出语句 ··· (7)
   1.3 带格式的输出语句及输入语句 ··· (10)

第 2 章 程序控制结构 ··· (16)
   2.1 简单的分支结构程序设计 ·· (16)
   2.2 if 语句的嵌套与 switch 语句 ··· (20)
   2.3 for 循环 ··· (26)
   2.4 while 循环与 do-while 循环 ·· (28)

第 3 章 数组 ··· (34)
   3.1 一维数组 ··· (34)
   3.2 二维数组 ··· (38)

第 4 章 字符串 ·· (41)
   4.1 字符串的基础知识 ·· (41)
   4.2 字符串操作 ··· (43)
   4.3 字符串的基础运用 ·· (50)

第 5 章 函数 ··· (62)
   5.1 函数的含义 ··· (62)
   5.2 经典数学函数主程序 ··· (62)
   5.3 函数的应用 ··· (64)
   5.4 形参和实参 ··· (65)
   5.5 标识符的作用域 ··· (65)

第 6 章 文件操作 ··· (67)

第 7 章 结构体 ·· (71)

基础算法篇

第 8 章　模拟法专题 ……………………………………………………………（ 77 ）

第 9 章　递归与递推专题 ………………………………………………………（ 85 ）
9.1　递归 ……………………………………………………………………（ 85 ）
9.2　递推 ……………………………………………………………………（ 88 ）

第 10 章　枚举法 ………………………………………………………………（ 93 ）

第 11 章　简单搜索算法 ………………………………………………………（ 98 ）
11.1　算法框架 ……………………………………………………………（ 98 ）
11.2　算法分析 ……………………………………………………………（ 99 ）

第 12 章　分治算法 ……………………………………………………………（105）
12.1　分治算法的思想 ……………………………………………………（105）
12.2　分治算法的适用条件 ………………………………………………（105）
12.3　分治算法的步骤 ……………………………………………………（105）
12.4　分治算法的框架结构 ………………………………………………（106）

第 13 章　排序算法 ……………………………………………………………（116）
13.1　选择排序 ……………………………………………………………（116）
13.2　插入排序 ……………………………………………………………（117）
13.3　冒泡排序 ……………………………………………………………（118）
13.4　快速排序 ……………………………………………………………（119）
13.5　归并排序 ……………………………………………………………（120）
13.6　线形排序 ……………………………………………………………（121）
13.7　排序算法的比较 ……………………………………………………（124）

第 14 章　高精度运算 …………………………………………………………（128）
14.1　高精度运算的思想 …………………………………………………（128）
14.2　数的存储和处理 ……………………………………………………（128）

第 15 章　贪心算法 ……………………………………………………………（137）
15.1　贪心算法的思想 ……………………………………………………（137）
15.2　贪心算法的应用 ……………………………………………………（138）

第 16 章　背包问题 ……………………………………………………………（146）
16.1　背包问题的定义 ……………………………………………………（146）
16.2　背包问题算法的思想 ………………………………………………（146）
16.3　0/1 背包问题 ………………………………………………………（146）
16.4　完全背包问题 ………………………………………………………（147）
16.5　多重背包问题 ………………………………………………………（147）
16.6　分组背包问题 ………………………………………………………（147）
16.7　背包问题的优化 ……………………………………………………（148）

目录

第 17 章 动态规划进阶——线性、区间 DP ······················· (157)

第 18 章 算法综合应用 ·································· (165)

第 19 章 STL 入门 ····································· (187)

    19.1 STL 是什么 ···································· (187)

    19.2 vector 与迭代器 ································· (187)

    19.3 stack ·· (188)

    19.4 queue 与 priority_queue ························· (188)

    19.5 set ·· (189)

    19.6 map ··· (189)

    19.7 pair ··· (190)

    19.8 algorithm ···································· (190)

    19.9 STL 分析 ····································· (190)

附录 1 C++常用库函数 ································· (195)

附录 2 STL 排序算法 ·································· (198)

附录 3 ASCII 码表 ···································· (201)

附录 4 普及和提优理念下的青少年信息学奥赛辅导策略 ················ (202)

语言篇

第1章 初识C++语言

1.1 C++语言简介

全国青少年信息学奥林匹克竞赛(简称NOI)是一项益智性的竞赛活动,核心是考查青少年选手的智力和使用计算机解题的能力。选手首先应针对竞赛中题目的要求构建数学模型,进而构造出计算机可以接受的算法,最后写出高级语言程序,上机调试通过。程序设计是信息学奥林匹克竞赛的基本功,青少年参与竞赛活动的第一步是必须掌握一门高级语言及其程序设计方法。

1.1.1 C++语言概述

C++语言有一个"父亲"——C语言。C++语言继承了C语言的过程化程序设计,又可以进行面向对象的程序设计。它在软件工程领域应用非常广泛。在接下来的学习中,我们将借助C++语言这个载体,了解并尝试运用一些简单的程序设计方法。

1.1.2 C++语言的特点

从使用者的角度来看,C++语言有以下几个主要的特点:

C++语言是结构化的语言,除数据交换与传递外,各个程序段之间独立工作。就像具有很多节的一根水管,整根水管好似一段程序,一节节的水管就是其中的各个程序段,而中间运输的水流就是数据。如果某节水管出现问题,我们可以把它单独拆下来检查与修理,而不需要重新构造其他可能完好的水管。

C++语言复杂而庞大,如它的类型系统、模板元编程、多态、继承等。然而在竞赛中,与软件工程不同,大部分的语言特性我们都不会用到。

C++程序的书写比较自由,不像其他语言对程序的书写格式有严格的规定。C++语言允许一行写多个语句,一个语句可以分写在多行上而不影响程序的运行。这样程序设计者就可以把C++程序写得像诗歌一样优美,便于阅读。

由于以上的特点,许多学校把C++作为程序设计课程的一种主要语言。它能给学生提供严格而良好的程序设计的基本训练,培养学生结构化程序设计的风格。但它也有一些不足之处,如文件处理功能较差等。

1.1.3 C++语言程序的基本结构

任何程序设计语言都有一组属于自己的书写规则,就像汉语中有句号、逗号、引号。我们必须采用语言本身所规定的规则来编写程序。C++有不同版本的标准,但新标准一般只是添加新特性,满足向下兼容。

首先,举一个简单的例子:

```cpp
#include<iostream>
//使用cin(读入)和cout(输出),调用iostream库
using namespace std;
int main()
//主函数
{
    cout<<"Hello World!"<<endl;
    //输出:Hello World
    return 0;
    //结束整个程序
}
```

下面,我们分析一下这段代码。

#include<iostream>

"include"意思是"包含,包括",这句代码的意思是"包含iostream库"。iostream库是一个提供输入输出功能的库,例如std::cin,std::cout,所以这句代码就相当于告诉电脑:我马上要用cin,cout啦,你先准备好,我随时需要使用!当然,C++中还有许多其他库,以后会逐步介绍,读者也可以自己先行学习。

using namespace std;

"using"意思为"使用","namespace"意思是"命名空间","std"是"standard"的缩写,意思是"标准"。结合起来,这句代码的意思就是"使用标准命名空间"。命名空间能够帮助我们解决名字冲突的问题,例如标准库提供的函数、对象等的名字都放在std命名空间中。

int main()

"main"意思是"主要的",它表明下面的程序是主函数。主函数是程序的入口,程序从它开始运行。

cout<<"Hello World"<<endl;

这句代码用于输出,之后会有介绍。

return 0;

它是主函数的返回语句,"0"表示程序顺利结束。

1.1.4 集成开发环境(IDE)的使用

下面,我们来学习Dev-C++的使用。除了Dev-C++,还有许多功能更强大、漏洞(bug)更少的IDE,读者可以自行学习使用。

1. 系统的启动

双击桌面上的 Dev-C++图标，或在开始菜单中选择 Dev-C++，单击即可。

2. Dev-C++简介

如图 1-1 所示，最上面一行是主菜单，下面一行是工具栏，它提供了一些常用工具。

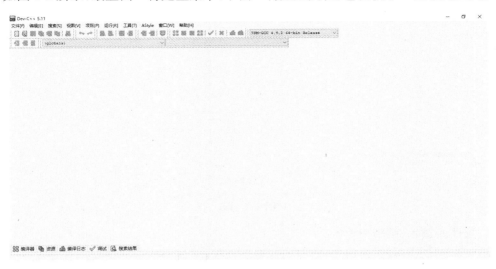

图 1-1

3. 新建一份源代码

如图 1-2(a)所示，依次点击"文件"→"新建"→"源代码"，即可新建一份源代码，或者使用"Ctrl+N"快捷键，或者点击工具栏的"新建"→"源代码"[图 1-2(b)]。

(a)

图 1-2

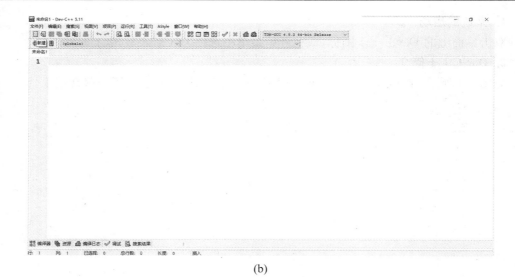

(b)

图 1-2(续)

4. 程序的输入、编辑与运行

在图 1-3 所示的程序窗口中,一行一行地输入程序。事实上,程序窗口就是一个全屏幕编辑器,所以对程序的编辑与其他编辑器的编辑方法类似,这里不再重复。

当程序输入完毕后,一般要先按"F9"快捷键(或"运行"→"编译")对程序进行编译。如果程序有语法错误,则在编译器窗口会出现错误信息,给出错误所在行与列,方便寻找,同时将会对第一个出现错误的语句突出标记(图 1-3)。

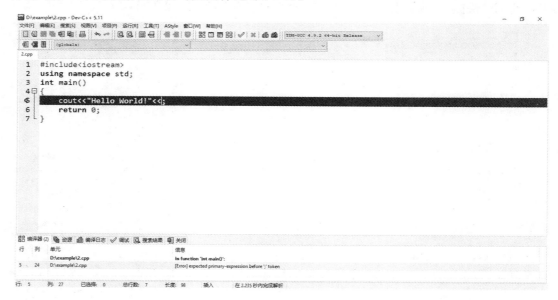

图 1-3

若无语法错误,则会在编译日志中显示程序的一系列信息,并提示编译成功(图 1-4)。

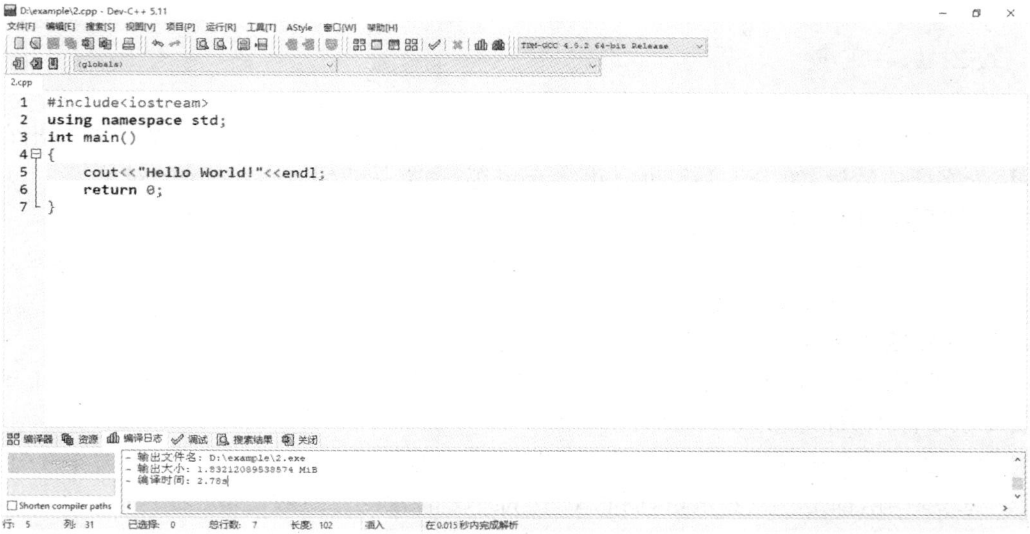

图 1-4

程序的运行可以通过菜单"运行(R)"或快捷键"F10"进行。运行结束,程序在用户窗口中输出运行结果(如果有的话)。此外,C++支持"编译并运行",即一次性完成编译和运行操作。

5. 程序的保存与打开

当我们想把程序窗口中的程序存入磁盘时,可以通过"Ctrl+S"键(或点击"文件"→"保存")来保存程序。第一次保存文件时,屏幕上会出现一个对话框要求输入文件名(扩展名默认为.cpp)。

当我们要将磁盘上的程序文件中的C++程序载入窗口时,可点击"文件"→"打开"来打开程序,此时系统会弹出一个对话框要求输入要打开的文件名。

练习

1. 编写一个程序输出自己的姓名。
2. 编写一个程序输出如下图案:

```
    *
   * *
  * * *
```

1.2　赋值语句、输出语句

在1.1节中,我们学习了C++语言的基本程序结构。在一个程序中,所有的操作都由执行部分来完成,而执行部分又都是由一个个语句组成的。本节开始我们将学习C++语言的基本语法,并在学习过程中逐步掌握程序设计的基本方法。

本节将学习两种语法:赋值与输出。在学习之前,我们首先了解一些C++语言的基础知识。

1.2.1 常量

在程序运行过程中,其值不改变的量称为常量。常量分为两类:一类可以直接写出它的值,称为字面值常量,如 123,145.88,'abc',true 等;一类是使用 const 修饰的对象。

1. 整型字面值常量

整型字面值常量采用我们平常使用的十进制整数表示。如 138,0,−512,等,都是整型常量,而 18.1 和 18.0 不是整型常量。

2. 浮点数字面值常量

浮点数字面值常量也就是我们通常使用的实数,包括正实数、负实数和实数 0。C++语言中表示浮点数常量的形式有两种:

① 十进制小数表示法。即日常使用的带小数点的表示方法。如 0.0,−0.0,+5.61,−8.0,−6.050 等,都是浮点数常量,而 0.,.37 都不是合法的浮点数常量。

② 科学记数法。科学记数法是指数形式的实数表示方法,如 12500 表示成 1.25×10^5,编写程序时,上标不方便输入,便约定写成 1.25E+05。在科学记数法中,字母"E"表示 10 这个"底数",而 E 之前为一个十进制表示的小数,称为尾数,E 之后必须为一个整数,称为"指数"。如−1234.56E+26,+0.268E−5,1E5 是合法形式的实数,而.34E12,2.E5,E5,E,1.2E+0.5 都不是合法形式的实数。

无论浮点数采用的是十进制小数表示法还是科学记数法,它们在计算机内的表示形式都是一样的,都是用浮点方式存储。

和整数相比,浮点数表示的范围要大得多,但值得注意的是浮点数的运算比整数的运算速度慢且有误差。

3. char 字面值常量

在 C++语言中,char 字面值常量由单个字符组成,所有字符均来自 ASCII 字符集。在代码中,通常用一对单撇号将单个字符括起来表示一个字符常量,如'a','A','0'等。特殊地,对于单引号字符,则要表示成" "。这样的 char 字面值常量在使用时等同于它的 ASCII 码,只不过在输出时会以它所对应的字符形式输出。

4. 布尔型常量

布尔型常量仅有两个值:真和假,分别用标准常量 true 和 false 表示,它们的序号分别为 1 和 0。

5. const 修饰的对象

一个常量既可以直接用字面形式表示(称为字面值常量,如 124,156.8),也可以用一个标识符来代表,称为一个 const 对象(符号常量)。符号常量必须先声明后使用。

声明符号常量的一般格式:

const＜常量类型＞＜常量标识符＞=＜常量＞;

说明:符号常量声明以关键字 const 开头,后面的常量标识符即为符号常量的名称,"="号后的常量可为字面值常量,可为整数、实数、字符、字符串(字符串常量在后面章节中进行介绍)。

例如:

const double PI=3.1415926;

如上声明后,在程序中,PI 作为符号常量即代表实数 3.14159。也就是说,符号常量声明既定义了常量名及其值,又定义了常量的类型。

关于 const 对象,应注意下列两点:

① 符号常量一经定义,就不能修改其值。

② 使用符号常量比直接使用数值更能体现"见名知义"的原则,也便于修改参数,故一个好的程序,应尽量使用符号常量,而在执行部分基本上不出现字面值常量。

1.2.2 变量

变量代表一个存储单元,其值是可变的,故称为变量。例如,游戏魂斗罗中玩家的生命值最初为 3,每死一次,生命值就减少 1,这里的生命值就是一个变量(或者说生命值存储在一个存储单元中)。在程序运行过程中,其值可以改变的量,称为变量。

一个程序可能要使用若干个变量,为了区别不同的变量,必须给每个变量(存贮单元)取一个名字,称之为变量名,该变量(存贮单元)存放的值称为变量的值,变量中能够存放值的类型称为变量的类型。例如,游戏魂斗罗中用于存放生命值的变量可取名为 N,它的类型为整型,游戏开始时其值为 3。

1. 变量名

变量名必须是一个合法的标识符。如 n,m,rot,total 等,都是合法变量名。在程序中用到的变量名必须在说明部分加以说明。变量名应遵循自定义标识符的命名规则,并注意"见名知义"的原则,即用一些有意义的单词作为变量名。注意 C++语言严格区分字母大小写。

"自定义标识符"的命名规则为:自定义标识符必须以字母或下划线开头,后面的字符可以是字母、数字或下划线;标识符长度不得超过 63 个字符。

2. 变量的类型

变量是用来存储值的,因此也有相应的类型。如整型变量用来存储整数,浮点数变量用来存储浮点数。

3. 变量的定义

在程序中若要使用变量,变量的名称及类型需加以定义。变量的值既可以在定义时初始化,也可以在之后改变。

变量定义的一般格式:

＜数据类型＞＜变量名称＞[初始化参数];

例如:

int a,b=2,c;

char d;

一旦定义了变量,就确定了变量的类型,也就是确定了该变量的取值范围和对该变量所能进行的运算。

1.2.3 表达式

1. 表达式的定义

C++语言中的表达式是由符合 C++语法规定的运算对象(包括常量、变量、函数调用传回的值等)、运算符、圆括号组成的有意义的算式。如 A+3.14159*5/8.4-abs(-1123),式中 A 是一个常量,abs 是一个函数。

2. 算术运算符

常用的算术运算符有以下 5 种。

+:加法运算。

-:减法运算。

*:乘法运算。

/:整数除或浮点除运算。在运算符两端的运算数均为整型时,得到的结果为向 0 取整的整型;在至少一个运算数是浮点数时,得到的结果为浮点数。

%:取模运算。只能用于整数运算,结果为整数。例如,10%4 的结果为 2,-17%4 的结果为-1,即 a%b=a-(a/b)*b。

3. 运算优先顺序

如果一个表达式里出现了两个或两个以上的运算符,则必须规定它们的运算次序(图 1-5)。

```
1  #include<iostream>
2  using namespace std;//引用库
3  int main()
4  {
5      int a,b,c;//定义三个变量
6      cin>>a>>b;//读入两个数字
7      c=a+b;//计算两个数字的和
8      cout<<c;//输出这个和
9      return 0;//结束程序
10 }
```

图 1-5 计算一般两数和的方法

C++语言中规定:

① 表达式中相同优先级的运算符,按从左到右顺序计算。

② 表达式中不同优先级的运算符,按从高到低顺序计算。

③ 括号优先级最高,从内到外逐层降低。

在算术运算中,运算符的优先顺序与数学上的四则运算一致,即"先乘除后加减"。

变量既然代表一个存储单元,其值是可变的,那么其中的值是怎么提供的,又是怎么改变的呢?可以通过赋值运算符来进行。

练习

1. 编写程序输出 1+2。
2. 编写程序输出(1+2)*3。
3. 编写程序输出(1+2)*3-17%4。
4. 编写程序输出(2+3*6-4)%7/3.0。

1.3 带格式的输出语句及输入语句

C++中数据的输入和输出可以使用在前文中提到的一些库,然后使用输入输出函数或对象来实现。

例如：
♯include<iostream>//cin、cout 需要使用
♯include<cstdio>//scanf、printf 需要使用

本节我们将介绍 cin(流读入)、cout(流输出)、scanf(格式输入)、printf(格式输出)、getchar(字符输入)、putchar(字符输出)等常用的几种基础语句。

1.3.1 cin 与 cout 的使用方法

cin 与 cout 的使用方法一般较为简单。
cin 与 cout 的一般格式：
cin>>变量>>变量>>变量……；
cout<<(表达式)<<(表达式)<<(表达式)……；

1.3.2 scanf 与 printf 的使用方法

1. scanf 的使用方法

scanf 的一般格式：
scanf(格式控制字符串,地址列表)；

此外，& 为取地址运算符。比如 a 为一个变量，若在前面加上"&"，则 &a 就表示 a 的地址。

需注意的是，格式控制符与地址列表中的地址需要一一对应。如表 1-1 所示。

表 1-1

格式控制符	说明
%c	读入一个字符(char 类型)
%d	读入十进制整数
%i	读入十进制、八进制、十六进制整数
%o	读入八进制整数
%x	读入十六进制整数
%c	读入一个字符
%s	读入一个字符数组(string 类并不能通过 scanf 读入)
%f	读入一个浮点数(或%e)
%p	读入一个指针
%u	读入一个无符号十进制整数

C++语言中还规定了一些附加格式，如表 1-2 所示。

表 1-2

附加格式	说明
L/l	长度修饰符,输入"长"数据,如长整型
s	长度修饰符,输入"短"数据,如短整型
整数	指定输入数据所占宽度
*	表示本输入项在读入后不赋值给相应的变量

图 1-6 和图 1-7 是两个简单的应用实例。

```
1  #include<cstdio>
2  #include<iostream>
3  using namespace std;//引用库
4  int main()
5  {
6      int a,b,c;//定义三个变量
7      scanf("%d%d",&a,&b);
8      //读入两个数字,第一个%d与a对应,第二个%d与b对应
9      c=a+b;//计算两个数字的和
10     cout<<c;//输出这个和
11     return 0;//结束程序
12 }
```

(a)

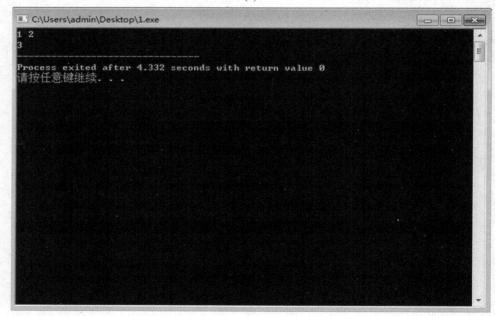

(b)

图 1-6 求和

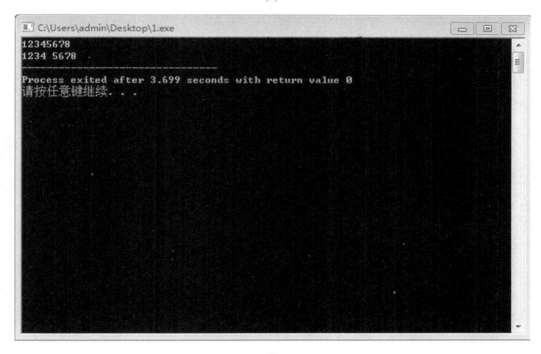

图 1-7　输入输出数字

2. printf 的使用方法

printf 的用法大致与 scanf 相同,只是与格式控制符一一对应的不是地址,而是需要输出的表达式。实例如图 1-8 所示。

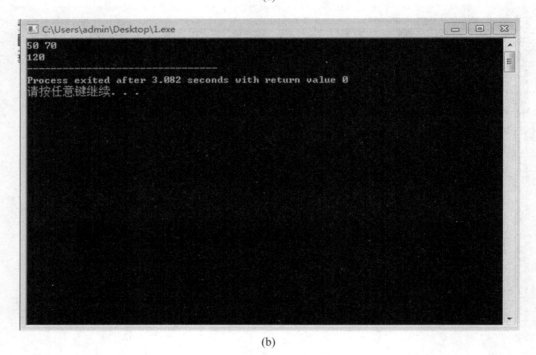

图 1-8　求和及输入输出

1.3.3　getchar 与 putchar 的使用方法

1. getchar 的使用方法

getchar 用于接收从键盘输入的单个字符数据。

格式:getchar();

需要注意的是,通常把输入的字符赋予一个字符变量。

例如:

char ch;

ch=getchar();

getchar 函数只能接受单个字符。输入多于一个字符时,它只接收第一个字符。输入数字也按字符处理,不可见的控制字符也可作为字符输入。

2. putchar 的使用方法

putchar 函数是字符输出函数,用于输出单个字符数据。实例如图 1-9 所示。

格式:putchar(ch);

需要注意的是区分与 getchar 的用法。

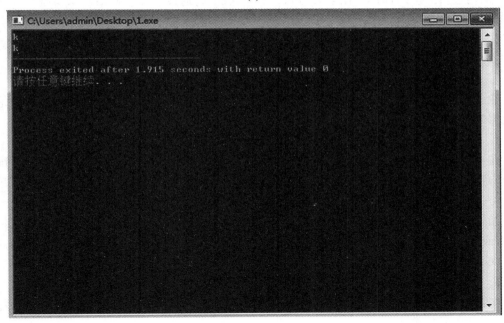

(a)

(b)

图 1-9 输入及输出字符数据

练习

1. 输入 a,b,c,输出 $(a+b)/c$。
2. 输入全班人数和及格人数,输出及格率。
3. 输入三个字符顺序为 a,b,c,输出顺序为 c,b,a。
4. 输入一个 8 位日期,如 19260817,请分离出年、月、日并输出。

第 2 章 程序控制结构

2.1 简单的分支结构程序设计

在现实生活中,我们每天都要根据实际情况进行选择。例如,原计划明天去花果山,但是如果明天天气不好,则有可能留在家里看电视。计算机也会根据不同情况作出各种逻辑判断,从而进行一定的选择。在本节与 2.2 节中,我们将通过选择结构语句来实现程序的逻辑判断功能。

2.1.1 C++语言中的布尔(逻辑)型

在前面的内容中,我们学习了整型(int)与浮点型(float/double)。布尔型(bool)也是一种数据的类型,这种类型只有两种值,即"真"与"假"。

1. 布尔常量

在 C++语言中,"真"用 true 表示,"假"用 false 表示。所以布尔类型只有 true 与 false 两个常量。

2. 布尔变量

如果将某些变量声明成布尔型,那么这些变量就是布尔变量,它们只能用于存放布尔值(true 或 false)。例如:

bool flag=true;

3. 布尔型的转换

在布尔型转换为整型时,true 转换为 1,false 转换为 0。在整型向布尔型转换时,0 转换为 false,非零数转换为 true。

2.1.2 布尔表达式

1. 用于比较的运算符

$>$、$<$、$>=$、$<=$、$==$、$!=$ 等运算符可以对两端的数据进行比较,并得到一个布尔型的结果。例如:$3+7>8$,$x+y<10$,$2*7\leqslant13$,等。

在上述表达式描述的关系中,第一个是正确的,第三个是错误的,而第二个可能是正确的,也可能是错误的。所以这些表达式的值要么为真,要么为假。例如,$3+2>6$ 是错误的,故它的值为 false。$45\geqslant32$ 是对的,故该表达式的值为 true。

又如,"m 为偶数"可表示为:m mod 2=0。"n 为正数"可表示为:$n>0$。

2. 布尔运算及布尔表达式

为了表示更复杂的命题,C++还引入了逻辑运算符:!、&&、||,它们分别代表数学上的非、与、或三种运算。这三个运算符的运算对象为布尔量,其中!为单目运算,只有一个运算对象,&& 与||为双目运算,有两个运算对象。它们的运算真值表如表 2-1 所示。

表 2-1

a	b	!a	a&&b	a||b	a xor b
false	false	true	false	false	false
false	true	true	false	true	true
true	false	false	false	true	true
true	true	false	true	true	false

对于复杂的命题,我们可以用布尔表达式来表示。例如,命题"m,n 都是偶数或都是奇数"可表示为"(m%2==0)&&(n%2==0)||(m%2==1)&&(n%2==1)"。

2.1.3 简单的 if 语句

1. 格式

① if(布尔表达式){
　　//如果布尔表达式为真将执行的语句
}
② if(布尔表达式){
　　//如果布尔表达式为真将执行的语句1
}
else
{
//如果布尔表达式为假将执行的语句2
}

2. 功能

① 执行 if 语句时,先计算<布尔表达式>的值,若为 true,则执行语句;否则,不执行任何操作。

② 执行 if 语句时,先计算<布尔表达式>的值,若为 true,则执行语句1;否则,执行语句2。

【例 1】 输入一个整数 a,判断是否为偶数。是,输出 yes;否,输出 no。
【参考程序】
```
#include<iostream>
#include<cstdio>
using namespace std;
int main()
{
```

```
    int a;
    cin>>a;
    if (a % 2==0) cout<<'yes'<<endl;
    else cout<<'no'<<endl;
}
```

【例 2】 花果山超市里卖桃子,每个桃子 8 角钱,若数量超过 10 个,则可打七五折。编程实现计算功能:输入购买桃子个数,输出总价。

【参考程序】

```
#include<iostream>
#include<cstdio>
using namespace std;
int main()
{
    int num;double price;
    cin>>num;
    price=0.8;
    if (num>10)   price=price*0.75;
    double total=num*price;
    cout<<setiosflags(ios::fixed)<<setprecision(2)<<total<<endl;
}
```

练习

1. 某车站行李托运收费标准是:10 kg 或 10 kg 以下,收费 2.5 元;超过 10 kg 的行李,按每超过 1 kg 增加 1.5 元进行收费。试编写一个程序,输入行李的重量,计算出托运费。

2. 密码问题:

最近天庭大门被反锁,孙悟空看见锁上有个提示:给定随机数 n,如果它是正数,请输出相应的负数;如果它是负数,请输出相应的正数。

【输入格式】

仅一行,一个整数 n(−1000000≤n≤2147483647)。

【输出格式】

仅一行,相应的负数(或正数)。

【数据】

T11.in:
1
T11.out:
−1
T12.in:
−1

T12.out：
1
T13.in：
10011
T13.out：
-10011
T14.in：
-1232022
T14.out：
1232022
T15.in：
2147483647
T55.out：
-2147483647

3. 游戏机：

孙悟空最近找到了一台人间的游戏机，他打开以后发现里面一共有 7 个人物，编号分别为 1～7，每个人都有对应的战斗力，现在挑出两人对决，请判断谁能赢。

【输入格式】

仅一行，一共 9 个数字，前 7 个分别为 7 位人物的战斗力 $a_i (1 \leqslant a_i \leqslant 10^{17})$，最后两个为决斗的两人的编号。

【输出格式】

一个正整数，表示决斗的两人中获胜方（战斗力强的那一方）的编号。

【数据】

T21.in：
1 2 3 4 5 6 7 1 2
T21.out：
2
T22.in：
5243 52431 5463 4546546 7586 52439 54630 3 4
T22.out：
4
T23.in：
78453432 654389 5524 492403 378950 2589243 100000000 1 7
T23.out：
7

4. 祭祀活动：

最近，孙悟空得知凡间有一场隆重的祭祀活动，作为天神的他当然觉得祭祀的天神越多越好。但人间的祭台数量有限（只有 10 个），同时人间资源有限，所以每个祭台所供奉的祭品数量都不一样,并且当祭品总数超过 n 时,人类将面临集体破产。作为天神,孙悟空想知道第几号天神所收到的供品数量最多,以及人类是否会破产。

【输入格式】

两行,第 1 行有 10 个数字 $n_1 \sim n_{10}$ ($0 \leq n_1 \sim n_{10} \leq 10^{21}$),分别代表 10 个祭台所供奉的供品数量,第二行有一个正整数 n,代表人类破产阈值。

【输出格式】

如果 10 个祭台所供奉的供品数量超过 n,输出"go bankrupt";否则,输出一个数 x,代表第 x 号天神所收到的供品数量最多。

【数据】

T31.in:
1 2 3 4 5 6 7 8 9 10
100
T31.out:
10
T32.in:
5246 243 78964 89243 789643 78943 23 746 567 111
11111
T32.out:
go bankrupt

2.2 if 语句的嵌套与 switch 语句

2.2.1 if 语句的嵌套

在 if 语句中,如果{}子句或 else 子句仍是一个 if 语句,则称为 if 语句的嵌套。

【例 1】 计算下列函数。

$$y = \begin{cases} 1, & x > 0 \\ 0, & x = 0 \\ -1, & x < 0 \end{cases}$$

【问题分析】

根据输入的 x 值,先分成 x>0 与 x≤0 两种情况,然后对于情况 x≤0,再区分 x 是小于 0,还是等于 0。

【程序设计】

```
#include<iostream>
#include<cstdio>
using namespace std;
int main()
```

```
{
    double x;
    int y;
    cin>>x;
    if(x>0)y=1;
        else if (x==0) y=0;
            else y=-1;
    cout<<y<<endl;
    return 0;
}
```

显然,在上述的程序中,{}子句中嵌套了一个②型 if 语句。当然程序也可以写成如下形式:

```
#include<iostream>
#include<cstdio>
using namespace std;
int main()
{
    double x;
    int y;
    cin>>x;
    if (x>=0)
    {
        if (x>0) y=1;else y=0;
    }else y=-1;
    cout<<y<<endl;
    return 0;
}
```

2.2.2 switch 语句

我们已知道可以用嵌套的 if 语句实现多分支的选择结构。但如果分支越来越多,用嵌套的 if 语句实现多分支就显得有些繁杂。当多分支选择的各个条件由同一个表达式的不同结果值决定时,可以用 switch 语句。它的选择过程很像一个多路开关,即由 switch 语句的选择表达式的值决定切换至哪一语句。因此在分支结构程序设计中,switch 语句是一种十分有用的工具。在实现多路径分支控制时,对某些问题的处理和设计,使用 switch 语句会比使用 if 语句更简洁、更清晰。

1. switch 语句的一般形式

```
switch(表达式)
{
    case 常量表达式 1:
```

```
            一些语句
            break;
        case 常量表达式 2：
            一些语句
            break;
        …
        case 常量表达式 n：
            一些语句
            break;
        default：
            一些语句
            break;
    }
```
其中,switch、case、break、default 是 C++ 的保留字。

2. switch 语句的执行过程

首先,计算 switch 后面圆括号中表达式的值,然后用此值依次与各个 case 的常量表达式比较,若圆括号中表达式的值与某个 case 后面的常量表达式的值相等,则执行此 case 后面的语句,执行后若遇到 break 语句则退出 switch 语句；若圆括号中表达式的值与所有 case 后面的常量表达式都不相等,则执行 default 后面的语句,然后退出 switch 语句,程序流程转向 switch 语句的下一个语句。

3. switch 语句的说明

① switch 后面圆括号的表达式必须可转换为整型或枚举类型。

② case 后面的常量表达式是 switch 后面圆括号中表达式可能具有的值,因而应与 switch 后面圆括号中表达式具有相同的类型。

③ 同一 case 常量表达式不能在同一个 switch 语句中出现两次或两次以上。

④ 每个分语句前可以有一个或若干个用分号隔开的 case 常量表达式。

⑤ default 总是放在最后,这时 default 后不需要 break 语句。并且 default 部分也不是必需的,如果没有这一部分,当 switch 后面圆括号中表达式的值与所有 case 后面的常量表达式的值都不相等时,则不执行任何一个分支,直接退出 switch 语句。

【例 2】 根据 x 的值,求函数 y 的值。

$$y=\begin{cases} x+1, & 0<x<100 \\ x-1, & 100\leqslant x<200 \\ -1, & 其他 \end{cases}$$

【问题分析】

利用 switch 语句进行程序设计,关键在于巧妙地构造情况表达式。本例中三种情况可用一个表达式区分:floor(x/100)。x 在(0,100)区间内时表达式值为 0；x 在[100,200)时表达式值为 1；其余情况表达式值为 -1。

【程序设计】

```
#include<iostream>
```

```
#include<cstdio>
using namespace std;
int main()
{
    double x,y;
    cin>>x;
    switch(int(floor(x/100)))
    {
        case 0:y=x+1;
        break;
        case 1:y=x-1;
        break;
        default:y=-1;
    }
couty<<endl;
return 0;
}
```

2.2.3 选择结构的程序设计

【例3】 输入一个年份,判断它是否是闰年。

【问题分析】

判断闰年的算法是,如果此年份能被 400 整除,或者能被 4 整除而不能被 100 整除,则是闰年,否则就是平年。

【程序设计】
```
#include<cstdio>
#include<iostream>
using namespace std;
int year;
bool check=0;
int main()
{
    cin>>year;
    if(year%400==0)check=1;
    else
    {
        if(year%4==0&&year%100!=0)
            check=1;
    }
    if(check==1) printf("The year %d is a leap year.",year);
```

```
else printf("The year %d is not a leap year. ",year);
return 0;
}
```

【例4】 判断1995年每个月份的天数。

【问题分析】

输入月份,计算该月的天数并输出。

【程序设计】

```
#include<iostream>
#include<cstdio>
using namespace std;
int main()
{
    int month,days;
    cin>>month;
    switch(month)
    {
      case 1:
      case 3:
      case 5:
      case 7:
      case 8:
      case 10:
      case 12:days=31;
      break;
      case 4:
      case 6:
      case 9:
      case 11:days=30;
      break;
      case 2:days=28;
      break;
      default:days=0;
      }
    if (days!=0)cout<<days<<endl;
    return 0;
}
```

【例5】 期未来临了,孙悟空决定将剩余班费 x 元,用于购买若干个桃子奖励给一些学习好、表现好的小猴子。已知商店里有三种桃子,它们的单价分别为6元、5元和4元。孙悟空想买尽量多的桃子(鼓励尽量多的孩儿们),同时他又不想有剩余的钱。请编写一个程序,帮孙悟空制定一种买桃子的方案。

【问题分析】

对于上述的实际问题,要买尽量多的桃子,易知都买 4 元的肯定可以买最多的桃子,因此最多可买的桃子数量为 $\left[\dfrac{x}{4}\right]$ 只。又孙悟空要把钱用完,我们可以按以下方法实现这一要求:

若买完 $\left[\dfrac{x}{4}\right]$ 个 4 元的桃子,还剩 1 元,则 4 元的桃子少买 1 个,换成一个 5 元的桃子;

若买完 $\left[\dfrac{x}{4}\right]$ 个 4 元的桃子,还剩 2 元,则 4 元的桃子少买 1 个,换成一个 6 元的桃子;

若买完 $\left[\dfrac{x}{4}\right]$ 个 4 元的桃子,还剩 3 元,则 4 元的桃子少买 2 个,换成一个 5 元的桃子和一个 6 元的桃子。

最终桃子的数目都是 $\left[\dfrac{x}{4}\right]$,因此该方案满足孙悟空的要求。

【程序设计】

```cpp
#include<iostream>
#include<cstdio>
using namespace std;
int main()
{
    int a,b,c,x,y;
    cin>>x;
    c=x/4;
    y=x%4;
switch(x/100)
    {
    case 0:a=0;b=0;
    break;
    case 1:a=0;b=1;c=c-1;
    break;
    case 2:a=1;b=0;c=c-1;
    break;
    case 3:a=1;b=1;c=c-2;
    break;
    }
cout<<'a='<<a<<'b='<<b<<'c='<<c<<endl;
return 0;
}
```

练习

1. 输入三角形的三个边,判断它是何类型的三角形。(等边三角形?等腰三角形?一般三角形?)
2. 输入三个数,按从大到小顺序打印出来。
3. 计算 1901 年至 2099 年之间的某月某日是星期几。
4. 输入两个正整数 a,b。b 最大不超过三位数,a 不大于 31。使 a 在左,b 在右,拼接成一个新的数 c。例如,$a=2,b=16$,则 $c=216$;若 $a=18,b=476$,则 $c=18476$。

提示:求 c 的公式为 $c=a\times K+b$,其中

$$K=\begin{cases} 10, & \text{当 } b \text{ 为一位数时}(0<b<10) \\ 100, & \text{当 } b \text{ 为二位数时}(10\leqslant b<100) \\ 1000, & \text{当 } b \text{ 为三位数时}(100\leqslant b<1000) \end{cases}$$

2.3 for 循环

在实际应用中,经常遇到许多有规律性的重复运算,这就需要掌握本节所介绍的循环结构程序设计。在 C++语言中,循环结构程序通常由三种循环语句来实现,分别为 for 循环、while 循环和 do-while 循环。通常将一组重复执行的语句称为循环体,而控制重复执行或终止执行由重复终止条件决定。因此重复语句是由循环体及重复终止条件两部分组成的。

2.3.1 for 语句的一般格式

for 循环,有时也将其称为计数循环。
其一般格式为:
```
for(初始化语句;条件语句;控制语句)
{
    循环体
}
```

2.3.2 for 语句的执行过程

首先,执行"初始化语句";其次,测试"条件语句",若条件成立,则执行循环体;接着执行"控制"语句;最后再测试条件语句是否成立,如果成立则重复执行循环体和控制语句,直至条件不成立时才结束 for 循环。

2.3.3 for 语句的说明

在 for 语句中,经常调整、测试一个变量,如 for(int i=0;i<n;++i)。但 for 循环并不一定都是如此,它的形式是十分自由的。

【例1】 输出 1~100 之间的所有偶数。
【程序设计】
```
#include<iostream>
#include<cstdio>
using namespace std;
int main()
{
    for (int i=1;i<=100;i++)
        if(i % 2==0) cout<<i;
}
```

【例2】 求 $N!=1\times2\times3\times\cdots\times N$,其中 N 不大于 10。
【问题分析】
程序要先输入 N,然后从 1 累乘到 N。
【程序设计】
```
#include<iostream>
#include<cstdio>
using namespace std;
int main()
{
    int n;
    cin>>n;
    int s=1;
    for (int i=2;i<=n;i++)
        s *=i;
    cout<<n<<"!="<<s<<endl;{输出 n!的值}
}
```

练习
1. 求 $s=1+4+7+\cdots+298$ 的值。
2. 编写一个评分程序,接受用户输入 10 个选手的得分(0~10 分),然后去掉一个最高分和一个最低分,求出某选手的最后得分(平均分)。
3. 用一张 1 元票换 1 分、2 分和 5 分的硬币,每种至少一枚,问有几种换法(各几枚)?

2.4 while 循环与 do-while 循环

2.4.1 while 循环

当循环次数未知,只能根据某一条件来决定是否进行循环时,使用 while 语句或 do-while 语句实现循环会更加方便。

while 语句的格式为：
while (布尔表达式)
{
    循环体
}

说明:while 为保留字,while 语句的特点是先判断,后执行。当布尔表达式的值为 true 时,重复执行{}中的循环体语句。

【例1】 求恰好使 $s=1+1/2+1/3+\cdots+1/n$ 的值大于 10 时 n 的值。

【问题分析】

"恰好使 s 的值大于 10"意思是:当表达式 s 的前 n－1 项的和小于或等于 10,而加上第 n 项后 s 的值大于 10。从数学角度上很难计算这个 n 的值。故从第一项开始,当 s 的值小于或等于 10 时,就继续将下一项值累加起来。当 s 的值超过 10 时,最后一项的项数即为要求的 n。

【程序设计】

```
#include<iostream>
#include<cstdio>
using namespace std;
int main()
{
    double s=0.0;int n=0;
    while (s<=10)
    {
        n++;
        s=s+1/double(n);
    }
    cout<<n<<endl;//输出结果
    return 0;
}
```

【例2】 求两个正整数 m 和 n 的最大公约数。

【问题分析】

求两个正整数的最大公约数可采用辗转相除法。以下是辗转相除法的具体步骤：

① 求 r=m%n。

② 若 r=0,则 n 为最大公约数;若 r≠0,执行第③步。

③ 将 n 的值放在 m 中,将 r 的值放在 n 中。

④ 返回重新执行第①步。

其中 m,n,r 分别表示被除数、除数、余数。

【程序设计】

```cpp
#include<iostream>
#include<cstdio>
using namespace std;
int main()
{
    int m,n,a,b,r;
    cin>>m,n;
    a=m;b=n;r=a%b;
    while (r!=0)
    {
        a=b;b=r;
        r=a%b;
    }
    cout<<b<<endl;
    return 0;
}
```

2.4.2 do-while 循环

用 while 语句可以实现当型循环,用 do-while 语句可以实现直到型循环。该语句的含义是:重复执行循环,直到指定的条件为假时停止。

直到型循环语句的一般形式为:

```
do
{
    执行语句;
}
while(布尔表达式);
```

其中 do、while 是 C++保留字,do 与 while 之间的所有执行语句称为循环体。

说明:

① do-while 语句的特点是:先执行循环,后判断结束条件,因而至少要执行一次循环体。

② do-while 是一个整体,不要误认为 do 是一个语句,while 是另一个语句。

③ do-while 语句在布尔表达式的值为假时不再执行循环体,且循环体可以是若干个语

句。while 循环和 do-while 循环是可以相互转化的。

对于例 2 中求两个正整数的最大公约数，程序也可用 do-while 循环实现。程序如下：

```
#include<iostream>
#include<cstdio>
using namespace std;
int main()
{
    int m,n,a,b,r;
    cin>>m,n;
    a=m;b=n;
    do
    {
        r=a%b;
        a=b;b=r;
    }
    while(r!=0)
    cout<<a<<endl;
    return 0;
}
```

2.4.3 循环结构程序设计

【例 3】 求 $1!+2!+\cdots+10!$ 的值。

【问题分析】

这个问题是求 10 个自然数的阶乘之和，可以用 for 循环来实现。程序结构如下：

```
for (int i=1;i<=10;i++)
{
    ① 求 i!的值 t。
    ② 累加 i!的值 t 到答案中。
}
```

显然，通过 10 次循环可求出 $1!,2!,\cdots,10!$，最终累加起来求得 s 的值。而求 $T=i!$，又可以用一个 for 循环来实现：

```
t=1;
for (int j=1;j<=i;j++)
    t=t*j;
```

因此整个程序为：

【程序设计 1】

```
#include<bits/stdc++.h>
using namespace std;
int main()
```

```
{
    long long s=0;
    const int n=10;
    s=0;
    for (int i=1;i<=n;i++)
    {
        int t=1;
        for (int j=1;j<=i;j++)
            t=t*j;
        s+=t;
    }
    cout<<s<<endl;
    return 0;
}
```

以上程序是一个二重的 for 循环嵌套。这是比较容易想到的方法,但实际上对于求 n!,可以根据求出的(n−1)! 乘上 n 即可得到,而无需重新从 1 再累乘到 n。故程序可改写为:

【程序设计 2】
```
#include<iostream>
#include<cstdio>
using namespace std;
int main()
{
    long long t=1,s=0;
    for (int i=1;i<=10;i++)
    {
        t*=i;
        s+=t;
    }
    cout<<s<<endl;
    return 0;
}
```

显然第二个程序的效率要比第一个程序高得多。第一程序要进行 $1+2+\cdots+10=55$ 次循环,而第二程序只要进行 10 次循环。如果题目中求的是 $1!+2!+\cdots+1000!$,则两个程序的效率区别会更加明显。

【例 4】 一名炊事员上街采购,用 500 元买了 90 只鸡,其中母鸡一只 15 元,公鸡一只 10 元,小鸡一只 5 元,正好把钱用完。问母鸡、公鸡、小鸡各买了多少只?

【问题分析】

设母鸡 i 只,公鸡 j 只,则小鸡为 90−i−j 只,且 $15\times i+10\times j+(90-i-j)\times 5=500$,显然一个方程求两个未知数是不能直接求解的。必须组合出所有可能的 i,j 值,检查是否满足条件。这里 i 的值可以是 0~33,j 的值可以是 0~50。

【程序设计】
```cpp
#include<iostream>
#include<cstdio>
using namespace std;
int main()
{
    int i,j,k;
    for (int i=1;i<=5;i++)
    for (int j=1;j<=8;j++)
    {
        k=90-i-j;
        if (15*i+10*j+5*k==500) cout<<i<<' '<<j<<' '<<k;
    }
    return 0;
}
```

【例5】 求 100~200 之间的所有素数。

【问题分析】

我们可以对 100~200 之间的每个整数进行判断,若是素数则输出。而对于任意整数 i,根据素数定义,可以从 2 开始一直除到它本身,找 i 的第一个约数。若找到第一个约数,则 i 必然不是素数;否则 i 为素数。

【程序设计】
```cpp
#include<iostream>
#include<cstdio>
using namespace std;
int main()
{
    int i,x;
    for (int i=100;i<=200;i++)
    {
        x=2;
        while (x<=trunc(sqrt(i)))&&(i % x<>0)
        {
            x=x+1;
        }
        if(x>trunc(sqrt(i))) cout<<i;
    }
    return 0;
}
```

练习

1. 输入一个正整数 n,将 n 表示成质因数幂的乘积形式(如果存在的话)。例如:$36=2^2\times3^2$。

2. 输出如图 2-1 所示的图形。

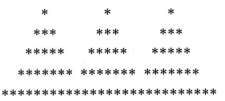

图 2-1

3. 编写一个程序,验证角谷猜想。所谓的角谷猜想是:对于任意大于 1 的自然数 n,若 n 为奇数,则将 n 变为 $3*n+1$,否则将 n 变为 n 的一半;经过若干次这样的变换,一定会使 n 变为 1。

4. 有一堆 100 多个的零件,若 3 个一起数,剩 2 个;若 5 个一起数,剩 3 个;若 7 个一起数,剩 5 个。请编写一个程序计算出这堆零件至少有多少个。

第 3 章 数 组

3.1 一 维 数 组

数组是信息学竞赛中非常重要的一部分内容,后面会经常提到,所以数组是C++语言中重要的一部分。另外数组的应用多种多样,也是很重要的基础知识。在本章中,之前学到的循环语句和判断语句会被反复使用,学习也将进入一个新阶段,所以复习工作要做好,而且后面的内容会相对来说较难理解一些,题目难度也会大很多。

引入:一天,孙悟空一口气打败了 500 个妖怪,但他有一个癖好,总喜欢给自己打败的每个妖怪的表现打个分数。某天,孙悟空心血来潮,想算一算自己到底得了多少分。但是孙悟空的数学实在不太好,于是想要求助聪明的你。你能帮帮他吗?(因为孙悟空的时间有限,所以你要编写一个尽量简单的程序。)

3.1.1 为什么使用数组

数组可以存储同一类型的值。

【例 1】 输入打败 500 个妖怪的分数,输出总分。
【问题分析】
在解决这个问题时,虽然可以通过读入一个数就累加一个数的方法来求孙悟空所得的总分。但是用简单变量 a1,a2,…,a500 存放这些数据,程序会很长且繁杂。
　　cin>>a1>>a2>>a3>>a4>>…>>a500;
　　tot=a1+a2+a3+a4+…+a500;
　　cout<<tot;
要想如数学中使用带下标的变量 a_i 形式表示这 500 个数,则可以引入数组。这样程序可写为:
　　tot=0;//tot 表示总分
　　for (int i=1;i<=500;++i)//循环读入每个妖怪的成绩,并累加它到总分中
　　{
　　　　scanf("%d",&a[i]);//这样简单极了
　　　　tot+=a[i];//累加总分
　　}
　　cout<<tot;

3.1.2 一维数组的定义

一维数组的一般格式为：
<类型> 数组名[长度]
说明：类型是指数组元素的类型，它可以是任何类型，同一个数组中的元素具有相同类型。因此也可以说，数组是由固定数量的相同类型的元素组成的。例如：
int a[5];
生成一个5个元素的数组，如表3-1所示。

表 3-1

a[0]	a[1]	a[2]	a[3]	a[4]

讨论：从表3-1中，能发现什么？
一维数组的定义方法：
int a[N];(N 为常量)
这表示定义了一个下标值可以是0到N-1(注意：C++数组下标从0开始)、数组元素类型为int的一维数组a。

定义了一个数组之后，编译器为所定义的数组在内存空间开辟一串连续的存储单元。
考虑如下代码定义了怎样的数组：
int a[10001];
char c[10345];

3.1.3 一维数组的应用

当定义了一个数组后，数组中的各个元素就共用一个数组名，它们之间是通过下标的不同加以区别的。可以使用循环改变数组下标，进行输入输出。
一维数组元素的写法为：
数组名[下标]
数组元素可以像同类型的普通变量那样使用。例如，a[3]=34 是对数组a中下标为3的位置赋以34的值；cin>>a[4]是从键盘读入一个数在到数组a下标为4的元素中去。
下面列举一维数组赋值的例子。
a[4]={1,2};
相当于 a[0]=1;a[1]=2。
错误语句：
a[5]={1,2,3,4,5,6};一共只有5个值却赋了6个值。

【例2】 唐僧的紧箍咒由50个数组成，现在紧箍咒被施了魔法，必须倒着读这50个数才有效果。

输入50个数，要求程序按输入时的逆序把这50个数打印出来。也就是说，按输入的相反顺序打印这50个数。

【问题分析】

定义一个数组 a 用以存放输入的 50 个数,然后将数组 a 的内容逆序输出。

【程序设计】

```cpp
#include<iostream>
using namespace std;
int a[50];//定义一个有50个元素的int型数组
int main()
{
    for (int i=0;i<50;++i)//循环读入50个数,存储在数组a的50个元素中
        cin>>a[i];//输入每个数
    for (int i=49;i>=0;--i)//再循环输出,一共50个
        cout<<a[i]<<' ';//输出每个数
    return 0;
}
```

3.1.4 数组使用常见易错点

易错点 1 把数组长度设置为变量,这并不被 C++ 标准允许

```cpp
const int C=10;
int v;
int a[v];//错误,长度不能为变量
int b[C];//正确
```

易错点 2 忘记下标从 0 开始。

```cpp
int a[5];
a[5]=1;//错误,a的下标范围为0到4,没有a[5]这个元素
```

【例 3】 寻找白龙马:白龙马走丢了,现在孙悟空面前有 n 匹马,每匹马都有一个特征值,其中白龙马的特征值为 m,请输出白龙马的编号。

【输入格式】

第 1 行输入 2 个数,用空格隔开,表示 n 和 m。

第 2 行输入 n 个数,分别表示 n 匹马的特征值。

【输出格式】

白龙马的编号。

【问题分析】

本题很简单,只要输入 n 个数,然后遍历这 n 个数,找到 m,输出编号即可。

因为此题要求输出编号,所以也可以不用下标为 0 的元素,直接从下标为 1 的元素开始处理,循环变量即为答案。这种思路很简单,程序也很简洁。

【程序设计】

```cpp
#include<iostream>
#include<cstdio>
```

```
using namespace std;
int a[10001];
int n,m;
int main()
{
    cin>>n>>m;
    for (int i=1;i<=n;++i)
        scanf("%d",&a[i]);//输入
    for (int i=1;i<=n;++i)
    {
        if (a[i]==m)//如果找到了,输出编号,即是i
        cout<<i;
    }
    return 0;

}
```

练习

1. 输入一串小写字母(以"."为结束标志),按顺序输出每个字母在该字符串中出现的次数(若某字母不出现,则不要输出)。例如:

输入:

aaaabbbccc.

输出:

a:4

b:3

c:3

2. 输入一个不大于 32767 的十进制正整数 N,将它转换成一个二进制数。例如:

输入:

100

输出:

1100100

(提示:二进制数逢 2 进 1,十进制数逢 10 进 1。)

3. 小鱼最近参加了一个"比可爱"比赛,比的是每只鱼的可爱程度。参赛的鱼被从左到右排成一排,头都朝向左边,然后每只鱼会得到一个整数数值,表示这只鱼的可爱程度,很显然整数越大,表示这只鱼越可爱,而且任意两只鱼的可爱程度可能一样。由于所有的鱼头都朝向左边,所以每只鱼只能看见它左边鱼的可爱程度,它们心里都在计算,在自己的眼力范围内有多少只鱼不如自己可爱呢。请帮助这些可爱但是鱼脑不够用的小鱼们计算一下。

4. 某校大门外长度为 L 的马路上有一排树,每相邻的两棵树之间的间隔都是 $\rceil$ 米。我们可以把马路看成一个数轴,马路的一端在数轴 0 的位置,另一端在 L 的位置;数轴上的每个整数点,即 $0,1,2,\cdots,L$ 都种有一棵树。由于马路上有一些区域要用来建地铁,这些区域

用它们在数轴上的起始点和终止点表示。已知任一区域的起始点和终止点的坐标都是整数,区域之间可能有重合的部分。现在要把这些区域中的树(包括区域端点处的两棵树)移走,请计算将这些树都移走后,马路上还有多少棵树。

3.2 二维数组

一维数组在编程中多用于描述线性关系,如一组数、一组成绩、一组解答等,数组元素只用一个下标来表明该元素在数组中的位置。二维数组在编程中多数用于描述二维关系,如地图、棋盘、城市街道、迷宫等。而且二维数组元素有两个下标:第一个下标表示该元素在第几行,第二个下标表示在第几列。

3.2.1 二维数组的定义

二维数组的一般格式为:
int a[N][M];
其中 a 是数组名,由程序员自行定义。中括号中的两个字母表示二维数组共有多少行和多少列(第一个字母表示行数,第二个字母表示列数,下标也是从 0 开始的);前面表示数组元素的类型,规定和一维数组一样。

(N,M)表示 N 行 M 列,当 N=3,M=3 时,数组各个元素如下:
(0,0),(0,1),(0,2);
(1,0),(1,1),(1,2);
(2,0),(2,1),(2,2)。

3.2.2 二维数组的应用

数组元素的写法为:
数组名[行号][列号]
例如,第三行第四个元素(编号从零开始)是:a[3][4]。
它可以对某一行进行处理。例如,累加第 4 行的数据,则固定行号为 4:
for (int i=1;i<=5;++i)   s=s+a[4][i];
也可以对某一列进行处理。例如,累加第 4 列的数据,则固定列号为 4:
for(int i=1;i<=10;++i)   s=s+a[i][4];
二维数组的输入输出要用双重循环来控制。例如:
for (int i=1;i<=10;++i)
    for (int j=1;j<=5;++j)
        cin>>a[i][j];
for (int i=1;i<=10;++i)
{

```
    for (int j=1;j<=5;++j)
      cout<<a[i][j]<<' ';
    cout<<endl;
    return 0;
}
```

【例 1】 竞赛小组共有 20 位同学,这学期每位同学共参与了三项比赛,请统计每位同学的平均分。

【问题分析】

定义一个 20 行 3 列的二维数组来存放成绩。定义一个有 20 个元素的一维数组来存放平均分。

【程序分析】

```
#include<iostream>
#include<cstdio>
#include<cstring>
using namespace std;
double a[21][4];//可以将每位同学的三科成绩看成一个表格,即 3*N 的一个表格,用二维数组求解
double b[21];//b 表示每位同学的平均分
int main()
{
    …
    …//读入部分
    memset(b,0,sizeof(b));//如果不懂,可翻看前一节,有解释
    for (int i=1;i<=n;++i)
    {
      for (int j=1;j<=3;++j)
        b[i]+=a[i][j];//得分累加
      b[i]=b[i]/3;//计算平均分
    }
    …
    …//输出 b 中的内容
    return 0;
}
```

本例题也可以用三个一维数组来求解,请读者自行完成。

练习

1. 将例题用三个一维数组完成。
2. 输入 10 个数,从小到大输出。
3. 有一天,Linyorson 在计算机中创造了一个超平坦世界,他把这个世界看成一个 $n \times n$

的方阵，现在他有 m 个火把和 k 个萤石分别放在$(x_1,y_1),\cdots,(x_m,y_m)$和$(o_1,p_1),\cdots,(o_k,p_k)$的位置。问：在这个方阵中有几个点会生成怪物？（没有光或没放东西的地方会生成怪物）

火把的照亮范围是：

暗	暗	光	暗	暗
暗	光	光	光	暗
光	光	火把	光	光
暗	光	光	光	暗
暗	暗	光	暗	暗

萤石的照亮范围是：

光	光	光	光	光
光	光	光	光	光
光	光	萤石	光	光
光	光	光	光	光
光	光	光	光	光

4. 一个城市遭遇 $N\times M$ 次轰炸，每次都炸了一个每条边都与边界平行的矩形。在轰炸后，有 Y 个关键点，指挥官想知道，它们有没有受到轰炸，如果有，被炸了几次，最后一次轰炸是第几轮。

【输入格式】

第 1 行，四个整数：n, m, x, y。

以下 x 行，每行四个整数：x_1, y_1, x_2, y_2，分别表示被轰炸的矩形的左上角坐标和右下角坐标(比如 1 3 7 10 就表示被轰炸的地方是从(1,3)到(7,10)的矩形)。

最后 y 行，每行两个整数，表示这个关键点的坐标。

【输出格式】

共 y 行。

每行第一个字符为 Y 或 N，表示是否被轰炸。若为 Y，则在一个空格后有两个整数，分别表示被炸了几次和最后一次轰炸是第几轮。

【输入样例】

10 10 2 3
1 1 5 5
5 5 10 10
3 2
5 5
7 1

【输出样例】

Y 1 1
Y 2 2
N

【数据范围】

$1 \leqslant N, M \leqslant 100$

第4章 字　符　串

在开始学习本章之前,我们先来阅读一个故事。

话说孙悟空在去往花果山的路上,忽逢一处仙境,唤作 mgy。他好奇地走进其中,只见世外高人 lgw 正在专心地修改一篇作文。lgw 抬头望见孙悟空,笑道:"这位同学,能过来帮我修改一下作文吗?"

lgw 对孙悟空耐心地解释道:"在我们 mgy,作文的修改有两种基本操作,插入与删除。为了更加方便,我们又引入了另一种操作——替换。给定一篇字符组成的作文与所有的修改操作,你能帮我完成修改吗?"

孙悟空是一个热爱信息学的优秀选手,他立刻想到了可以用我们所熟知的 C++语言来解决这个问题。不过,怎样方便地做到对一串字符进行插入和删除等操作呢?他陷入了沉思……

下面向大家介绍另一种字符的常见储存方式——字符串。

4.1　字符串的基础知识

在第3章的内容中,我们学习了有关字符数组的相关知识。本章将系统地介绍字符串的相关内容。

4.1.1　字符串的定义

字符串虽然与字符数组有相似之处,但是需要注意的是,**字符与字符数组是两种不同的数据类型,因此它们的类型标识符也不相同。**

字符串的定义格式:

string s1;　(string 是字符串类型的标识符)

在这个例子中,我们定义了字符串 s1。与字符数组不同的是,C++语言提供的字符串类型不需要提前确定长度,它的实际长度由实际存储的内容的长度决定。但是字符串与数组一样可以用方括号"[]"来调用元素。**字符串的下标也从 0 开始。**

注意:定义 string 类型需要使用头文件 string。

与其他类型的变量相同,在定义一个 string 类型变量的同时,也可以对它进行初始化操作。操作如下:

string s1="Hello World!";

被初始化的字符串中包括双引号引起的字符和一个表示字符串结尾的\0 字符。这里的 s1 包括"Hello World!"和一个\0 字符。注意单引号与双引号的区别。**单引号里的内容是字符类型,而双引号里的内容是字符串类型**,在今后的学习中不要混淆。

4.1.2 字符串的输入与输出

字符串的输入与输出有三种形式。

1. 使用输入输出流

格式与其他类型的数据没有区别。例如:

cin>>s1>>s2;

cout<<s1<<s2<<endl;

注意:流输入 cin 与 scanf 一样,都是读取两个空白符之间的部分(不包括空白符本身)。

2. 使用 getline( ) 输入

getline()也是常用的输入字符串的方法。与格式化输入不同,getline()对空格不敏感,而只对换行符敏感。简单地说,scanf 读取字符串是从一个空格读取到另一个空格,而 getline()是一行一行地读取,把每一个换行符中间的部分作为一个字符串。读入时,需要加上参数 cin 作为流输入的操作符。例如下面的程序段:

```
#include<cstdio>
#include<iostream>
#include<string>
using namespace std;
string s1;
int main()
{
    getline(cin,s1);
    return 0;
}
```

此时若输入"Hello World!",则 s1 中储存的内容就是"Hello World!"。

注意:使用 getline()需要调用头文件 string。

【例 1】 孙悟空最近拿到一份天庭任命新官员的名单,他很想知道其中有没有自己。但是名单是横着排的,每个名字之间都隔着一个空格。孙悟空看得头晕眼花,他想把这份名单变成每个名字占一行的排列方式,并且想知道其中有没有自己。(孙悟空的名字是 Sun-Wukong)

【输入格式】

共 2 行。第 1 行是一个整数 n,表示名字个数。第 2 行是 n($n \leqslant 1000$)个名字,用空格隔开。

【输出格式】

共 n+1 行。前 n 行是名单,按照原名单的顺序排列;最后一行是一个数字 1 或 0,1 表示孙悟空在其中,0 表示不在其中。如表 4-1 所示。

表 4-1

输入样例	输出样例
3 lgw xzx SunWukong	lgw xzx SunWukong 1

【问题分析】

这是一道非常简单的应用题，我们只需选择 cin 将每个名字读入，再用 if 语句判断即可。

【程序设计】

```cpp
#include<cstdio>
#include<iostream>
#include<string>//需调用 string 库
using namespace std;
int n,b=0;
string s1[1001];//这里定义的是一个字符串数组,其中每个元素都是一个字符串
int main()
{
    scanf("%d",&n);
    for(int i=1;i<=n;i++)//循环读入
    {
        cin>>s1[i];//为了体现 C++风格我们采用 cin 流输入
        if(s1[i]=="SunWukong") b=1;//if 语句判断(注意是双引号!)
    }
    for(int i=1;i<=n;i++) cout<<s1[i]<<endl;
    cout<<b;
    return 0;
}
```

4.2 字符串操作

在上节中，我们了解到字符串的基础操作。下面将更加深入地介绍字符串的其他进阶操作。

C++为大家提供了很多种字符串的标准处理函数，这里介绍比较常用的几种。C++与 C 的处理函数是有区别的，但是功能大致相同。C++的编译器可以兼容 C 的函数，所以大家可以根据自己的需要和喜好自由选用。

表 4-2 所示的是 C++提供的常用标准函数。(使用时应调用头文件 cstring)

表 4-2 C++常用标准函数

函数调用格式	函数调用效果
s.insert(pos,char)	在字符串 s 的第 pos 个位置插入字符或字符串 char
s.push_back(char)	在字符串 s 的末尾加上字符串或字符 char
s.erase(pos,x)	删除字符串 s 中第 pos 个位置开始的 x 个字符
s.clear()	删除字符串 s 中的所有字符
s.replace(pos,x,char)	将字符串 s 中第 pos 个位置开始的 x 个字符替换为字符或字符串 char
s.find(char,pos)	从第 pos 个位置向后查找,返回字符或字符串 char 第一次被查找到的位置(若 char 是字符,则直接返回它在 s 中的下标;若它是字符串,则返回首字符下标;若找不到,返回-1)
s.rfind(char,pos)	从第 pos 个位置向前查找,返回字符或字符串 char 第一次被查找到的位置。若找不到,返回-1
s.size()或 s.length()	返回字符串 s 的长度(不包括字符\0)

除此之外,两个字符串可用"+"连接起来,也可以用">""=="" <"比较字典序大小。例如:

```
#include<cstring>
#include<iostream>
using namespace std;
string s1,s2,s3;
int main()
{
    s1="I love ";
    s2="Mgy.";
    s3=s1+s2;
    cout<<s3<<endl;
    cout<<(s1>s2);
    return 0;
}
```

此时的输出结果如图 4-1 所示。

图 4-1

这里可以看出,"+"将 s1 和 s2 连接了起来。但需要注意的是,">""==""<"的比较标准是字典序,即字符串中字符的 ASCII 码大小,较小的在前。比较时,优先比较字符串的

首字母,相同时再比较下一位,以此类推。

表 4-3 同时也给出部分 C 风格字符串的处理函数,供大家自由选择。(使用时应调用头文件 string)

表 4-3 C++常用标准函数

函数调用格式	函数调用效果
strcat(s1,s2)	作用与"+"相同,将 s1 和 s2 连起来
strcpy(str1,str2,x)	将 str2 中前 x 个字符复制到 str1,若 str1 中有内容将被覆盖(第三个参数 x 可有可无,若无第三个参数,则将 str2 全部复制)
strcmp(str1,str2)	比较两个字符串 str1 和 str2,作用与">""=="" <"类似,若 s-r1==str2,函数值为 0;若 str1>str2,函数值为正整数;若 str1<str2,函数值为负整数
strlen(str)	返回字符串 str 的长度(不包括字符\0)
tolower(str)和 toupper(str)	将 str 中的字母全部转换为小写/大写

现在有没有想起本章开头的问题呢? 你会解决了吗?

【例 1】 孙悟空在去往花果山的路上,忽逢一处仙境,唤作 mgy。他好奇地走进其中,只见世外高人 lgw 正在专心地修改一篇作文。lgw 抬头望见孙悟空,笑道:"这位同学,能过来帮我修改一下作文吗?"

lgw 对孙悟空耐心地解释道:"在我们 mgy,作文的修改有两种基本操作,插入与删除。为了更加方便,我们又引入了另一种操作——替换。给定一篇字符组成的作文与所有的 q 个修改操作,你能帮我完成修改吗?"

【问题分析】

这是一道稍微有些复杂的操作应用题,需要同学们熟练掌握各种字符串处理函数。我们先用 getline() 将作文读入,再用 switch 语句分情况处理即可。

三种操作分别用 A,B,C 表示,具体如下:

A:x y 表示在作文中第 x 个字符插入字符串或字符 y。

B:x y 表示删除作文中第 x 个字符开始的 y 个字符。

C:x y z 表示将作文中第 x 个字符开始的 y 个字符替换为字符或字符串 z。(位置编号从 0 开始)

【输入格式】

共 q+2 行。第 1 行是 1 个字符串,即 lgw 的作文;第 2 行是一个整数 q,表示操作个数。接下来的 q 行,每行一个操作,数据保证每个操作一定合法。

【输出格式】

仅一行,即修改好的作文。如表 4-4 所示。

表 4-4

输入样例	输出样例
I love mgy. Mgy is beautiful.	I love myself. SonodaUmi is beautiful.
3	
B 8 1	
A 9 self	
C 14 3SonodaUmi	

【程序设计】

```cpp
#include<iostream>
#include<string>//getline()需调用string库
#include<cstring>//操作函数需调用cstring库
using namespace std;
string s,t;
int q,x,y;
char ch;
int main()
{
    getline(cin,s);//整行读入字符串s
    cin>>q;
    for(int i=1;i<=q;i++)
    {
        cin>>ch;
        switch (ch)//switch判断操作种类
        {
            case 'A':
                cin>>x>>t;
                s.insert(x,t);//插入操作
                break;
            case 'B':
                cin>>x>>y;
                s.erase(x,y);//删除操作
                break;
            case 'C':
                cin>>x>>y>>t;
                s.replace(x,y,t);//替换操作
                break;
        }
    }
    cout<<s;
```

```
    return 0;
}
```

【例 2】 孙悟空作为齐天大圣，日理万机，他觉得把每个字都完整地写出来很累，于是他就规定了一种简便的书写方法：如果在书写的字符串中，含有类似"d—h"或者"4—8"的字串，我们就把它当作一种简写，书写时，用连续递增的字母或数字串替代其中的减号，即将上面两个字串分别写为"defgh"和"45678"。此外孙悟空还决定增加一些规则，使自己的简便书写更为灵活（也更加难懂）。具体约定如下：

① 遇到下面的情况需要做字符串的展开：在输入的字符串中，出现减号"—"，减号两侧同为小写字母或同为数字，且按照 ASCII 码的顺序，减号右边的字符严格大于左边的字符。

② 参数 $p1$：展开方式。$p1=1$ 时，对于字母子串，填充小写字母；$p1=2$ 时，对于字母子串，填充大写字母。这两种情况下数字子串的填充方式相同。$p1=3$ 时，不论是字母子串还是数字字串，都用与要填充的字母个数相同的星号"*"来填充。

③ 参数 $p2$：填充字符的重复个数。$p2=k$ 表示同一个字符要连续填充 k 个。例如，当 $p2=3$ 时，子串"d—h"应扩展为"deeefffgggh"。减号两边的字符不变。

④ 参数 $p3$：是否改为逆序。$p3=1$ 表示维持原来顺序，$p3=2$ 表示采用逆序输出，注意这时候仍然不包括减号两端的字符。例如，当 $p1=1,p2=2,p3=2$ 时，子串"d—h"应扩展为"dggffeeh"。

⑤ 如果减号右边的字符恰好是左边字符的后继，则只删除中间的减号。例如，"d—e"应输出为"de"，"3—4"应输出为"34"。如果减号右边的字符按照 ASCII 码的顺序小于或等于左边字符，输出时，则要保留中间的减号，例如，"d—d"应输出为"d—d"，"3—1"应输出为"3—1"。

现在齐天大圣有一份亲笔信交给你，你能看懂他所要表达的内容吗（表 4-5）？

【输入格式】

共 2 行。第 1 行为用空格隔开的 3 个正整数，依次表示参数 p1，p2，p3。第 2 行为一行齐天大圣的亲笔信，仅由数字、小写字母和减号"—"组成。行首和行末均无空格。

【输出格式】

共一行，为展开后的书信内容。

表 4-5

输入样例#1	输出样例#1
1 2 1	abcsttuuvvw1234556677889s—4zz
abcs—w1234—9s—4zz	

输入样例#2	输出样例#2
2 3 2	aCCCBBBd—d
a—d—d	

【问题分析】

这是一道难度偏大的字符串处理题，思维难度不高，但是代码量非常大，需要耐心编写。

【程序设计】

```cpp
#include<cstdio>
#include<iostream>
#include<string>//需调用头文件 string
#include<cstring>//需调用头文件 cstring
using namespace std;
string a;
bool top=1;
int main()
{
    int p1,p2,p3,l,i=0,j=0;
    char k;
    scanf("%d%d%d\n",&p1,&p2,&p3);
    getline(cin,a);
    l=a.length();
    top=true;
    for(i=0;i<l;i++)
    {
        if(top&&a[i]=='-') printf("-");//用于判断开头的"-"
        else if(i==l-1&&a[i]=='-') printf("-");//用于判断末尾的"-"
            else if(a[i]!='-')//如果不是减号需要输出
            {
                printf("%c",a[i]);
                top=0;//放置标记
            }
            else
            {
                if(a[i-1]>=a[i+1]||(a[i-1]-'a'<0&&a[i+1]-'a'>=0)||(a[i-1]-'a'>=0&&a[i+1]-'a'<0))   printf("-");//判断是否有"大的数字-小的数字""数字-字母""字母-数字""大的字母-小的字母"情况
                else if(a[i-1]+1!=a[i+1])
                {
                    if(p1==1)
                    {
                        if(p3==2)
                        {
                            if(a[i+1]<='9'&&a[i+1]>='0')
                            {//前后为数字
                                for(k=a[i-1]+1;k<a[i+1];k++)
                                    for(j=0;j<p2;j++)   printf("%c",k);
```

```
            }
            else
            {//前后为字母
                for(k=a[i+1]-1;k>a[i-1];k--)
                    for(j=0;j<p2;j++) printf("%c",k);//注意个数
            }
        }
        else
        {
            for(k=a[i-1]+1;k<a[i+1];k++)
                for(j=0;j<p2;j++)   printf("%c",k);
        }
    }
    if(p1==2)
    {
        if(p3==2)
        {
            if(a[i+1]<='9'&&a[i+1]>='0')
            {
                for(k=a[i+1]-1;k>=a[i-1]+1;k--)
                    for(j=0;j<p2;j++) printf("%c",k);
            }
            else
            {
                for(k=a[i+1]-'a'+'A'-1;k>a[i-1]-'a'+'A';k--)//变为大写字母
                    for(j=0;j<p2;j++) printf("%c",k);
            }
        }
        else
        {
            for(k=a[i-1]-'a'+'A'+1;k<a[i+1]-'a'+'A';k++)
                for(j=0;j<p2;j++) printf("%c",k);
        }
    }
    if(p1==3)
    {//输出"*"
        for(k=a[i-1]+1;k<a[i+1];k++)
            for(j=0;j<p2;j++)   printf("*");
    }
```

```
        }
      }
    }
    return 0;
}
```

当然,字符串处理的函数远远不止这些,有兴趣的同学可以自己在网络上查找资料,更加深入地学习字符串。

4.3 字符串的基础运用

4.3.1 单词覆盖还原

【例1】 随着九年制义务教育的普及,花果山的小猴子们学了英语之后,兴奋地玩起了贴纸。他们在一长串 s(3≤s.size()≤255)中反复贴上 boy 和 girl 两单词,后贴上的可能覆盖已贴上的单词(没有被覆盖的用句点表示),最终每个单词至少有一个字符没有被覆盖。可是他们忘了自己用了多少个贴纸。你能告诉他们长串上贴有几个 boy 和几个 girl 吗?

【输入格式】
一行,即一个字符串 s。

【输出格式】
共2行。第1行为 boy 的个数,第2行为 girl 的个数。如表4-6所示。

表 4-6

输入样例	输出样例
……boyogirlyy……girl……	4
	2

4.3.2 ISBN 号码

【例2】 天庭的法律规定,每一本正式出版的图书都有一个 ISBN 号码与之对应,ISBN码包括9位数字、1位识别码和3位分隔符,其规定格式如×-×××-×××××-×,其中符号"-"是分隔符,最后一位是识别码,例如 0-670-82162-4 就是一个标准的 ISBN 码。ISBN码的首位数字表示书籍的出版语言,例如 0 代表英语;第一个分隔符之后的 3 个数字代表出版社,例如 670 代表维京出版社;第二个分隔符后的 5 个数字代表该书在出版社的编号;最后一位为识别码。

识别码的计算方法如下:
首位数字乘以 1 加上次位数字乘以 2……以此类推,用所得的结果 mod 11,所得的余数即为识别码,如果余数为 10,则识别码为大写字母 X。例如,ISBN 号码 0-670-82162-4 中的识别码 4 是这样得到的:对 0,6,7,0,8,2,1,6,2 这 9 个数字,从左至右分别乘以 1,2,…,9 再求和,即 0×1+6×2+…+2×9=158,然后取 158 mod 11 的结果 4 作为识别码。

孙悟空在天庭担任检查码一职。而你的任务是编写程序,帮助孙悟空判断输入的 ISBN 号码中识别码是否正确,如果正确,则仅输出 Right;如果错误,则告诉孙悟空你认为正确的 ISBN 号码。

【输入格式】

一行,一个 ISBN 号码。(保证输入符合 ISBN 号码的格式要求)

【输出格式】

一行,假如输入的 ISBN 号码的识别码正确,那么输出 Right;否则,按照规定的格式,输出正确的 ISBN 号码(包括分隔符"-")。如表 4-7 所示。

表 4-7

输入样例#1	输出样例#1
0-670-82162-4	Right
输入样例#2	输出样例#2
0-670-82162-0	0-670-82162-4

4.3.3 时间复杂度(学完本教材后自行探索)

【例 3】 孙悟空正在学习一种新的编程语言 A++,刚学会循环语句的他激动地写了好多程序,并给出了他自己算出的时间复杂度,可他的编程老师菩提祖师实在不想一个一个地检查他的程序,于是你的机会来啦!下面请你编写程序来判断孙悟空每个程序给出的时间复杂度是否正确。

A++语言的循环结构如下:

F i x y
　　循环体
E

其中 F i x y 表示新建变量 i(变量 i 不可与未被销毁的变量重名)并初始化为 x,然后判断 i 和 y 的大小关系,若 i 小于等于 y 则进入循环,否则不进入。每次循环结束后,i 都会被修改成 i+1,一旦 i 大于 y,则终止循环。

x 和 y 可以是正整数(x 和 y 的大小关系不定)或变量 n。n 是一个表示数据规模的变量,在时间复杂度计算中需保留该变量而不能将其视为常数,该数远大于 100。

E 表示循环体结束。循环体结束时,这个循环体新建的变量也被销毁。

注意:为了书写方便,本题在描述复杂度时,使用大写英文字母"O"表示通常意义下"Θ"的概念。

【输入格式】

输入文件第 1 行为一个正整数 t,表示有 t(t≤10)个程序需要计算时间复杂度。每个程序只需抽取其中 F i x y 和 E 即可计算时间复杂度。需要注意的是循环结构允许嵌套。

第 2 行是每个程序的第 1 行包含一个正整数 L 和一个字符串,L 代表程序行数,字符串表示这个程序的复杂度,O(1)表示常数复杂度,O(n^w)表示复杂度为 n^w,其中 w 是一个小于 100 的正整数(输入中不包含引号),时间复杂度只有 O(1) 和 O(n^w) 两种类型。

接下来的 L 行代表程序中循环结构中的 F i x y 或者 E。程序行若以 F 开头,表示进入一个循环,之后有空格分离的三个字符(串)i x y,其中 i 是一个小写字母(不为 n),表示新建的变量名,x 和 y 可能是正整数或 n,若为正整数,则一定小于 100。程序行若以 E 开头,则表示循环体结束。

【输出格式】

输出文件共 t 行,对应输入的 t 个程序,每行输出 Yes 或 No,或者 ERR(输出中不包含引号)。若程序实际复杂度与输入给出的复杂度一致,则输出 Yes;不一致,则输出 No。若程序有语法错误(其中语法错误只有:① F 和 E 不匹配;② 新建的变量与已经存在但未被销毁的变量重复),则输出 ERR。如表 4-8 所示。

注意:即使在程序不会执行的循环体中出现了语法错误也会出现编译错误,输出 ERR。

表 4-8

输入样例	输出样例
8	Yes
2 O(1)	Yes
F i 1 1	ERR
E	Yes
2 O(n^1)	No
F x 1 n	Yes
E	Yes
1 O(1)	ERR
F x 1 n	
4 O(n^2)	
F x 5 n	
F y 10 n	
E	
E	
4 O(n^2)	
F x 9 n	
E	
F y 2 n	

续表

输入样例	输出样例
E	
4 O(n^1)	
F x 9 n	
F y n 4	
E	
E	
4 O(1)	
F y n 4	
F x 9 n	
E	
E	
4 O(n^2)	
F x 1 n	
F x 1 10	
E	
E	

【输入输出样例解释】

第一个程序:i 从 1 到 1 是常数复杂度。

第二个程序:x 从 1 到 n 是 n 的一次方的复杂度。

第三个程序:有一个 F 开启循环却没有 E 结束,语法错误。

第四个程序:二重循环,n 的平方的复杂度。

第五个程序:两个一重循环,n 的一次方的复杂度。

第六个程序:第一重循环正常,但第二重循环开始即终止(因为 n 远大于 100,100 大于 4)。

第七个程序:第一重循环无法进入,故为常数复杂度。

第八个程序:第二重循环中的变量 x 与第一重循环中的变量重复,出现语法错误②,输出 ERR。

【数据规模与约定】

对于 30% 的数据:不存在语法错误,数据保证给出的每个程序的前 L/2 行一定为以 F 开头的语句,第 L/2+1 行至第 L 行一定为以 E 开头的语句,L≤10,若 x,y 均为整数,x 一定小于 y,且只有 y 有可能为 n。

对于 50% 的数据:不存在语法错误,L≤100,且若 x,y 均为整数,x 一定小于 y,且只有 y 有可能为 n。

对于 70% 的数据:不存在语法错误,L≤100。

对于 100% 的数据:L≤100。

4.3.4 统计单词

【例 4】 一天,孙悟空遇到一扇大门,只有输出门上的字符串有多少个单词才能打开门,从而去解救出自己的师傅唐僧。聪明的你来帮帮孙悟空吧!

【输入格式】
一个字符串 s。

【输出格式】
该字符串有多少个单词。

【输入样例】
I am SunWuKong

【输出样例】
3

【数据范围】
len(s)≤1000

【程序设计】
```cpp
#include<bits/stdc++.h>
using namespace std;
int main()
{
    string s;
    int ans=0,k=0;
    getline(cin,s);//getline 可以一下输入一行字符串,但会读到换行符
    for(int i=0;i<s.size()-1;i++)//遍历字符串,注意下标从 0 开始
        if(s[i]==' '&&s[i+1]!=' ') ans++;
    cout<<ans;
    return 0;
}
```

4.3.5 回文子串

【例 5】 一天,孙悟空心血来潮给了你一个字符串,要你输出所有长度至少为 2 的回文子串。(回文子串即从左往右输出和从右往左输出结果是一样的字符串,比如:abba,cccdeedccc 都是回文字符串。)

【输入格式】
一个字符串,由字母或数字组成。长度 500 以内。

【输出格式】
输出所有的回文子串,每个子串一行。
子串长度小的优先输出,若长度相等,则位置靠左的优先输出。

【输入样例】
123321125775165561
【输出样例】
33
11
77
55
2332
2112
5775
6556
123321
165561
【程序设计】
```cpp
#include<bits/stdc++.h>
using namespace std;
int main()
{
    char a[101],b[101],c[101];
    int i,n,j,z=0,k;
    cin>>a;
    n=strlen(a);
    for(int d=1;d<=n-1;d++)
    {//d 为回文长度-1
        for(i=0;i<n;i++)
        {//从第一个到最后一个
            if(a[i]==a[i+d])
            {//回文开头结尾相同
                for(j=1;i+j<=i+d,i+d-j>=i;j++)
                {//确认内部符合条件
                    if(a[i+j]==a[i+d-j])
                    {
                        z++;
                        if(z==d)
                        {
                            for(k=i;k<=i+d;k++)
                            {//循环输出
                                cout<<a[k];
                            }
                            cout<<endl;
```

```
                        z=0;
                    }
                }
                else
                {
                    z=0;
                    break;
                }
            }
        }
    }
    return 0;
}
```

4.3.6 Way too long words

【例 6】 孙悟空觉得,像"localization"或"internationalization"这样的词汇如此之长,以至于在一篇文章中多次写下这些词语令人厌烦。所以他考虑如果一个词太长,长度严格超过 10 个字符时,应该用一个特殊的缩写代替。

这个缩写是这样的:孙悟空写下一个单词的第一个和最后一个字母,并在它们之间写出第一个和最后一个字母之间的字母数。该数字是十进制系统,不包含任何前导零。

因此"localization"拼写为"l10n","internationalization"拼写为"i18n"。

建议使用缩写来自动更改单词的过程。因为所有太长的单词应该用缩写代替,不太长的单词不需要任何改变。

【输入格式】
第 1 行包含一个整数 n($1 \leqslant n \leqslant 100$)。以下 n 行各项包含一个词。所有的单词由小写拉丁字母组成,并且拥有从 1 到 100 个字符的长度。

【输出格式】
输出 n 行。第 i 行应包含来自输入数据的第 i 个字符替换的结果。

【输入样例】
4
word
localization
internationalization
pneumonoultramicroscopicsilicovolcanoconiosis

【输出样例】
word
l10n
i18n

p43s
(来源:codeforces 71 A)

4.3.7 字符串最大跨距

【例7】 有三个字符串 s,s1,s2,其中 S 长度不超过 300,s1 和 s2 的长度不超过 10。检测 s1 和 s2 是否同时在 s 中出现,且 s1 位于 s2 的左边,并在 s 中互不交叉(即 s1 的右边界点在 s2 的左边界点的左侧)。计算满足上述条件的最大跨距(即最大间隔距离:最右边的 s2 的起始点与最左边的 s1 的终止点之间的字符数目)。如果没有满足条件的 s1,s2,则输出 -1。

例如,s="abcd123ab888efghij45ef67kl",s1="ab",s2="ef",其中 s1 在 s 中出现了 2 次,s2 也在 s 中出现了 2 次,最大跨距为:18。

【输入格式】
三个字符串:s1,s2,s3,其间以逗号间隔(注意,s1,s2,s3 中均不含逗号和空格);

【输出格式】
s1 和 s2 在 s 最大跨距;若在 s 中没有满足条件的 s1 和 s2,则输出 -1。

【输入样例】
abcd123ab888efghij45ef67kl,ab,ef

【输出样例】
18

【问题分析】
解决 s1 与 s2 的出现的次数,只要读入第一个出现的 s1 就可以了,从后向前读:第一个出现的 s2 就是要求的次数。

首先,定义:
char ss[300001],s1[1100],s2[1100],ls;//要输入的三个字符串,临时(ls)字符串
int flag1=0,flag2=0,maxkj=0,kj=0,w=0;//是否存在 s1,s2,最大跨距,跨距,子串长度
int lss=0,ls1=0,ls2=0,st=0,ed=0;//三个串字符的长度,起始位置和结束位置

由于题目要求三个串字符在一列上,所以不能再使用 getline 语句,那么如何识别每隔一个逗号是一个字符串呢?此时便可使用 while 语句来解决这个问题了。主要程序如下:

```
while((ls=getchar())&&(ls! =','))
    {
        ss[++lss]=ls;
    }
while((ls=getchar())&&(ls! =','))
        {
            s1[++ls1]=ls;
        }
        while(cin>>ls)
```

```
        {
            s2[++ls2]=ls;
        }
```
while 语句不仅读取了长度,还避免了逗号的问题。
接下来解决跨距的问题。主要程序如下:
```
for(int i=1;i<=lss;i++)//找跨距
    {
        if((ss[i]==s1[1])&&(flag1==0))//如果(疑似)找到了(第一个)子串 s1
        {
            w=0;//对于每次要重复使用的计数器,在循环开始前清零,否则容易出错
            for(int j=1;j<=ls1;j++)
                {
                    if(ss[i+j-1]==s1[j]) ++w;
                }
                if(w==ls1)/*如果完全重合*/
                {
                    flag1=1;st=i+ls1;/*存在子串 s1*/break;
                }
        }
    }
```
if((ss[i]==s1[1])
ls1 自加后,所以开始判断 s1 数组的初始下标是否为 1。
```
for(int j=1;j<=ls1;j++)
    if(ss[i+j-1]==s1[j])//判断是否相等
        ++w;
```
st=i+ls1;//跨距开始位置(已用加粗表示)
因为初始数组下标是 1,所以开始模拟 s2 过程:
```
for(int i=lss;i>=1;i--)//从后往前找 s2
    {
            if(ss[i]==s2[ls2])//如果(疑似)找到了(不知道第几个)子串 s2
            {
                w=0;
                for(int j=1;j<=ls2;j++)
                {
                    if(ss[i-j+1]==s2[ls2-j+1])
                        ++w;
                }
                if(w==ls2)
                {
                    ed=i-ls2;//结束位置
```

```
                flag2=1;
                break;
            }
        }
    }
    if((flag1==0)||(flag2==0))//如果其中一个没找到
    {
        cout<<"-1"<<endl;
    }
    else//如果两个都找到
    cout<<ed-st+1<<endl;    //计算跨距
    return 0;
```

【程序设计】
```cpp
#include<bits/stdc++.h>
using namespace std;
char ss[300001],s1[1100],s2[1100],ls;//要输入的三个字符串,临时(ls)字符串
int main()
{
    int flag1=0,flag2=0,maxkj=0,kj=0,w=0;//是否存在s1,s2,最大跨距,跨距,子串长度
    int lss=0,ls1=0,ls2=0,st=0,ed=0;//三个串的长度,起始位置和结束位置
    while((ls=getchar())&&(ls!=','))//getchar()每次只读一个字符,做循环
    {
        ss[++lss]=ls;//不仅读了长度,还避免了逗号
    }
    while((ls=getchar())&&(ls!=','))
    {
        s1[++ls1]=ls;
    }
    while(cin>>ls)
    {
        s2[++ls2]=ls;
    }
    for(int i=1;i<=lss;i++)//找跨距
    {
        if((ss[i]==s1[1])&&(flag1==0))//如果(疑似)找到了(第一个)子串s1
        {
            w=0;//对于每次要重复使用的计数器,在循环开始前清零,否则容
```

易出错

```cpp
                    for(int j=1;j<=ls1;j++)//数组下标也是一个容易出错的地方,因为初始数组下标是1
                    {
                        if(ss[i+j-1]==s1[j]) ++w;
                    }
                    if(w==ls1)
                      {
                        flag1=1;//存在子串 s1
                        st=i+ls1;//开始位置
                        break;
                      }
                }
        }
        for(int i=lss;i>=1;i--)//从后往前找 s2
        {
                if(ss[i]==s2[ls2])//如果(疑似)找到了(不知道第几个)子串 s2
                {
                  w=0;
                  for(int j=1;j<=ls2;j++)
                  {
                        if(ss[i-j+1]==s2[ls2-j+1]) ++w;
                  }
                  if(w==ls2)
                     {
                        ed=i-ls2;//结束位置
                        flag2=1;
                        break;
                     }
                }
        }
        if((flag1==0)||(flag2==0))//如果其中一个没找到
        {
                cout<<"-1"<<endl;
        }
        else//如果两个都找到
                cout<<ed-st+1<<endl;
    return 0;
}
```

练习

1. n 个正整数排成一排,使它组成一个最大的整数。
2. 表达式求值,只含数字,"+"和"×",不含括号。
3. 给出一个高精度正整数 n,从中删去 k 个数后剩下的数从左往右排列成一个新的数,求它的最小值。
4. 给出一个 $n\times m$ 的网格,每个格子的长和宽都为 1,每个格子上会摆若干个方块(长、宽、高为 1),打印这些方块形成的立体图,无方块的地方用"."代替。每个格子严格按如下方式摆放(不会旋转):

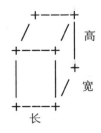

第 5 章 函 数

孙悟空有许多弟子,他们通常会向孙悟空提出问题。有一天,孙悟空的门前聚集了很多弟子,他们问的问题都是一样的,只是数字不同,所以孙悟空编写了有关函数的程序,弟子们只要输入他们的数,就能得到输出结果,不一会,他们都得到了自己想要的答案。

5.1 函数的含义

计算机中的函数是指一个子程序,它可以实现计算机的复杂操作,通过输入一个量,可以用函数进行固有的操作,并将操作后所得到的值输出至另一个量中。C++中提供了一些标准函数,它们可以直接在主程序中使用,如果要使用标准函数中没有的操作,则需要自行定义函数。

C++函数定义的一般格式为:
函数返回值类型　函数名(参数表)
{
　语句 1;
　语句 2;
　……
　语句 n
}
具体使用方法见 5.3 节。

5.2 经典数学函数主程序

1. 求绝对值函数 abs/ fabs
```
int main()
{
    int i,n;
    cin>>i;//读入
    n=abs(i);//使用函数计算
    cout<<n;//输出
```

```
    return 0;
}
```

注意:"abs( )"是计算整数的绝对值函数,"fabs( )"是计算浮点数的绝对值函数。这样,我们就可以按照这个格式使用 C++的标准函数。

2. 取整函数 fix/floor/ceil/round

```
int main( )
{
    int n;double i;//double 为实型
    cin>>i;
    n=fix(i);
    cout<<n;
    return 0;
}
```

注意:fix 是向零方向取整(fix(-2.5)=-2;fix(1.3)=1)。
floor 是向负无穷方向取整(floor(-2.5)=-3;floor(8.9)=8)。
ceil 是向正无穷方向取整(ceil(-1.5)=-1;ceil(3.1)=4)。
round 是四舍五入函数(round(1.4)=1;round(4.6)=5)。

3. 求平方根函数 sqrt

```
int main( )
{
    int i,n;
    cin>>i;
    n=round(sqrt(i));
    cout<<n;
    return 0;
}
```

注意:使用平方根"sqrt"函数时,若要使函数值为整数,还需进行四舍五入处理。

4. 求随机数函数 rand

```
int main( )
{
    int i,n;
    cin>>i;
    n=rand(i);
    cout<<n;
    return 0;
}
```

5. 常用其他函数

内容见第 4 章和附录 1。

5.3 函数的应用

在程序中,自行定义函数可以使程序更加模块化。在竞赛中,通过编写子程序不仅可以省时,还可以在调试、阅读过程中更容易领会程序的意思,更好查错。

函数通常分为无参函数和有参函数。无参函数的函数类型说明为 void,无返回值。有参函数是有参数传递的函数,有返回值。

【例 1】 求一个整数 n 的阶乘($n>0$)。

【问题分析】

n 的阶乘指所有小于及等于 n 的正整数的乘积,用"n!"表示,即 n!=1×2×3×...×n。在 C++的标准函数库中,没有阶乘的函数,若我们要通过函数求 n 的阶乘,则需要自行编写子程序。

在子程序的开头,我们需要规定子程序的基本参数,即函数类型、函数名及参数表。在本题中,我们将子程序名定义为"jc",使用 int 类型。则:

  int jc(int n)

在进行基本定义后,我们需要进行声明,即声明子程序中的变量。因为在乘法中需要将初始量定为 1,所以将子程序中变量初始化为 1。同时还需要一个循环变量,则:

  int i,sum=1;

通过阶乘的定义进行操作,则:

  for (int i=1;i<=n;++i)
    sum *=i;

循环完毕后,sum 的值为 n 的阶乘,但我们需要将这个值赋值到函数本身,则:

  return sum;

这样,函数定义完毕,可以在主程序中直接使用,例如:

  ans=jc(x);

【程序设计】

```cpp
#include<bits/stdc++.h>
using namespace std;
int jc(int n)
{
    int sum=1;
    for (int i=1;i<=n;++i)
    sum *=i;
    return sum;
}
int main()
{
```

```
    int ans,x;
    cin>>x;
    ans=jc(x);
    cout<<ans;
    return 0;
}
```

5.4 形参和实参

子程序调用(过程调用或函数调用)的执行顺序分为以下几步:实参和形参结合→执行子程序→返回调用处继续执行。

子程序声明的形式参数表对子程序体直接引用的变量进行声明,并详细指明这些参数的类别、数据类型要求和参数的个数。子程序被调用时必须为它的每个形参提供一个实参,按参数的位置顺序一一对应,每个实参必须满足对应形参的要求。

C++子程序向函数传递参数的方式有两种:

① 传值调用。该方法把参数的实际值复制给函数的形式参数。在这种情况下,修改函数内的形式参数对实际参数没有影响。

② 引用调用。该方法把参数的引用复制给形式参数。在函数内,该引用用于访问调用中要用到的实际参数。这意味着,修改形式参数会影响实际参数。

5.5 标识符的作用域

1. 全局变量及其作用域

全局变量是指在程序开头的声明部分定义和声明的量。它的作用域分为两种情况:

① 在全局变量和局部变量不同名时,其作用域是整个程序。

② 在全局变量和局部变量同名时,全局变量的作用域不包含同名局部变量的作用域。

2. 局部变量及其作用域

凡是在子程序内部使用的变量,必须在子程序中加入声明。这种在子程序内部声明的变量称为局部变量。局部变量的作用域是其所在的子程序。形式参数也只能在子程序中有效。因此也属于局部变量。局部变量的作用域分为两种情况:

① 当外层过程的局部变量名和嵌套过程中的局部变量不同名时,外层过程的局部变量名的作用域包含嵌套过程。

② 当外层过程的局部变量名和嵌套过程内的局部变量名同名时,外层过程的局部变量名的作用域不包含嵌套过程。

练习

1. 给出 n,求 $2 \sim n$ 中的质数。

2. 一个数 x 为完全数当且仅当 x 的所有因数(不包括 x)之和为 x。给出 l,r,求区间 $[l,r]$ 内完全数的个数。

3. 如果一个数既是回文数又是质数,我们称它为回文质数,比如 383。求区间 $[l,r]$ 内的回文质数。

4. 给出长度为 n 的数组 a 和一个数 x,求 $\sum (a_i{}^x \times i)$。($1 \leqslant a_i \leqslant 10^{18}, 1 \leqslant n \leqslant 10^5$)

第6章 文 件 操 作

在我们的实际应用中,常常需要通过文件来进行输入或输出。文件是一些特定数据的集合,C++将文件看作有序字节流,每个文件都以文件结束标志(EOF)结束。当一个程序需要对文件进行操作时,必须先将其打开。本章将介绍如何用C++实现对文本文件的输入输出。

1. 什么是文件输入输出

在以前编写的程序里,输入格式是靠键盘输入,输出格式是打印在屏幕上。显然,在竞赛时,不可能把所有选手的程序都进行人工的输入和输出验证。那么,可不可以改变程序的输入输出形式,使其数据更容易处理呢？像"A+B.in""A+B.out"这样,将程序的输入输出都转为文件形式的操作,就是文件的输入输出。

2. 常见后缀名

一般来说,在竞赛中,输入文件的后缀名均为"题目名.in";输出文件的后缀名均为"题目名.out"。(如有改动会在第一页进行特殊说明)

3. 如何实现

在C++中,进行文件操作有很多种方法,由于本书是为编程初学者编撰,故只介绍其中最简单、在竞赛中也最常用的一种方法——重定向法。

若要使用重定向法,则须调用cstdio库,即

♯include<cstdio>

具体格式为:

freopen("输入文件名(如A+B.in)","r",stdin);

此句实现输入的重定向。

freopen("输出文件名(如A+B.out)","w",stdout);

此句实现输出的重定向。

这种方法非常简单,无需改变程序内容。程序的大体格式为:

♯include<cstdio>

……(头文件)

int main()

{

  freopen("输入文件名","r",stdin);

  freopen("输出文件名","w",stdout);

  ……(原来的主程序)

}

【例1】 求和:输入两个正整数$a,b(a\leqslant 100,b\leqslant 100)$,求它们的和。

【输入格式】

两个正整数 a,b(a≤100,b≤100)。

【输出格式】

两数之和 c。

【输入文件】

a+b.in

【输出文件】

a+b.out

【程序设计】

```cpp
#include<cstdio>
using namespace std;
int main()
{
    int a,b;
    freopen("A+B.in","r",stdin);
    freopen("A+B.out","w",stdout);
    scanf("%d%d",&a,&b);
    printf("%d",a+b);
    return 0;
}
```

练习

1. 质数：

孙悟空在你的帮助下终于解决了文件的输入输出问题,可还没等你来得及喘一口气,孙悟空又驾着筋斗云带着第 2 个问题直奔而来了。一是他对文件输入输出还不熟练;二是他忘记了质数的求法。所以,请帮帮他吧。

【输入格式】

两个整数 m,n(2≤m≤n≤10000)。

【输出格式】

m,n 之间(包括 m,n)的质数个数。

【输入文件】

prim.in

【输出文件】

prim.out

【输入样例】

3 18

【输出样例】

6

【样例解释】

(3,5,7,11,13,17)

2. 统计分数:

NOIP 结束后,孙悟空由于他腾云驾雾的速度,被 NOIP 组委会聘为分数统计员。运送数据资料对孙悟空而言自然小菜一碟;可是如何编程处理如此海量的数据,就要有请聪明的你了。

【输入格式】

第 1 行:四个整数 n,a,b,c($n \leq 10000, 0 \leq c \leq b \leq a \leq 400$)。

其中 n 为学生人数;a,b,c 均为一、二、三等奖的分数线。

之后的 n 行:每行一个整数 x,代表第 i 个学生的分数。

【输入格式】

mark.in

【输出格式】

输出分三个输出文件:

1:ydj.out

2:edj.out

3.sdj.out

它们均输出得奖的人数、分数及排名。

【输入样例】

6 300 200 100

350

210

80

120

250

140

【输出样例】

ydj.out:

1

350 1;

edj.out:

2

250 5

210 2

sdj.out:

2

140 6

120 4;

3. 炉石传说:

孙悟空与猪八戒最近沉迷于炉石传说,时常玩到深夜,直到师父念紧箍咒才休息。他想知道在目前的版本中哪种卡组是最强的。

【输入格式】

第1行:两个整数 m,n(m≤10,n≤100)。其中 m 为卡组的数量,n 为比赛的场数。

以下 m 行:每行一个字符串,代表第 i 个卡组的名称。

以下 n 行:每行3个整数 x,y,b。其中 x,y 分别为对战双方的卡组;若 b=0,则代表 x 卡组获胜;若 b=1,则代表 y 卡组获胜。

【输出格式】

hearthstone.in

输出分为两个输出文件:

sl.out

按卡组胜率从大到小排序,输出卡牌名称及其胜率。(保留小数点后两位)

sc.out

按卡组胜场数从大到小排序,输出卡牌名称及其胜场数。

【输入样例】

3 5
法术猎
奇数骑
机械战
1 3 0
2 1 1
3 2 1
2 3 1
2 3 0

【输出样例】

sl.out

法术猎 1.00
奇数骑 0.67
机械战 0.25

sc.out

法术猎 2
奇数骑 2
机械战 1

第 7 章 结 构 体

师徒四人之间,孙悟空、猪八戒和沙和尚经常在一起比谁打的妖怪多,这时,唐僧开始记数,他们打妖怪通常有一个规定,就是把所有妖怪分为三个等级,分别为 a,b,c。比较方式是:先比 a 级的妖怪谁打得多,再比 b 级的妖怪谁打得多,以此类推。可他们打的妖怪太多了,唐僧数不清,你能帮帮他吗?

想要简洁地解决这个问题,就要学习一种新结构:**结构体**。

结构体可以描述数组不能够清晰描述的结构。结构体可以包括不同的数据类型。

结构体的一般格式为:

```
struct T
{
    int a;
    int b;
    int c;
    …
}a[10001];
```

结构体也可以存放不同的变量,如 string、char、long long 等。在 C++ 中,struct 有非常广泛的用途。调用结构体中的变量要用 a[1].a。结构体中还可以用 sort,而且只要常用运算符就可以实现了。

现在,我们可以来解决开始的那道题了。

【输入格式】

输入数据共 3 行,分别为孙悟空、猪八戒、沙和尚打的 a,b,c 三个等级的妖怪。

【输出格式】

输出数据共 3 行,分别为孙悟空、猪八戒、沙和尚的排名和姓名。

【输入样例】

100 12 322

33 345 33

33 1 1000

【输出样例】

1:孙悟空

2:猪八戒

3:沙和尚

【程序设计】

```
#include<iostream>
#include<cstdio>
```

```cpp
#include<string>
#include<algorithm>
using namespace std;

struct T
{
    int a;
    int b;
    int c;
    string s;
}yg[3];//用来存放孙悟空、猪八戒、沙和尚打的妖怪数量

bool cmp(T x,T y)
{
    if(x.a>y.a)
    {
        return true;
    }
    else
    if(y.a>x.a)
    {
        return false;
    }
    else
    {
        if(x.b>y.b)
        {
            return true;
        }
        else
        if(y.b>x.b)
        {
            return false;
        }
        else
        {
            if(x.c>y.c)
            {
                return true;
            }
```

```
            else
                return false;
        }
    }
}

int main()
{
    yg[0].s="孙悟空";
    yg[1].s="猪八戒";
    yg[2].s="沙和尚";
    for(int i=0;i<3;i++)
    {
        cin>>yg[i].a>>yg[i].b>>yg[i].c;
    }
    sort(yg,yg+3,cmp);//进行排序
    for(int i=0;i<3;i++)
    {
        cout<<i+1<<':'<<yg[i].s<<endl;
    }
    return 0;
}
```

练习

1. 某校准备在学期末发放奖学金,奖学金有 5 种:

① 院士奖学金,每人 8000 元,期末平均成绩高于 80 分(>80),并且在本学期内发表 1 篇或 1 篇以上论文的学生均可获得。

② 五四奖学金,每人 4000 元,期末平均成绩高于 85 分(>85),并且班级评议成绩高于 80 分(>80)的学生均可获得。

③ 成绩优秀奖,每人 2000 元,期末平均成绩高于 90 分(>90)的学生均可获得。

④ 西部奖学金,每人 1000 元,期末平均成绩高于 85 分(>85)的西部省份学生均可获得。

⑤ 班级贡献奖,每人 850 元,班级评议成绩高于 80 分(>80)的学生干部均可获得。

现在给出若干学生的相关数据,请计算哪些同学获得的奖金总数最高。

2. 现有 n 个元素,第 i 个元素有 a_i,b_i,c_i 三个属性,设 $f(x)$ 为满足 $a_j \leqslant a_i, b_j \leqslant b_i, c_j \leqslant c_i$ 且 $j \neq i$ 的 j 的个数,对于所有 $t \in [1,n]$,求 $f(t)$。($n \leqslant 5 \times 10^3$)

3. 现有 n 个物品,每个物品有重量和价值两个属性,求出这 n 个物品按单位价值(价值÷重量)从大到小排序,输出排序后的编号。

4. 现有 n 条边,两端点的编号分别为 x_i, y_i,求含有 k 号点的边的个数。

基础算法篇

第8章　模拟法专题

所谓模拟算法,即按题目的叙述条件和过程按部就班地完成算法与程序的设计,根据实际问题建立模型,用计算机模拟实际做法从而解决问题。具体到信息学奥赛中的试题,也就是题目怎么说,程序就怎么运行。模拟法并不是程序,只是我们依赖计算机的运算速度解决问题的一种方法或模式,针对具体问题需要设计具体的程序。

模拟法适用于求解清晰、运算规模较小的问题。如果问题求解的时空代价很大,就要考虑是否有其他更好的解决方案。此类问题的特点是,问题描述特别长,在考场上主要考查考生的心态、阅读能力、细节处理能力、逻辑整理问题的能力,这些能力是解题的基本功。

1. 模拟算法定义

根据题意编写代码,侧重理解题目要求的操作过程,在脑海中清晰地将其转换为代码,模拟操作过程。

2. 模拟算法思想

根据题意编写,模拟操作过程。

3. 模拟算法使用条件

用模拟算法解决的题目有以下特征:

① 有明确的模拟规则,没有决策的选择。

② 数据范围不能过大(否则必须更换思路采用其他方法)。

【例1】　马厩:

孙悟空在担任天庭弼马温的最后一天,将 n 个马厩的门全部打开,接着对能被 2 整除的马厩做了相反处理(关了的开,开了的关),又将能被 3 整除的马厩做了相反处理……到最后把能被 n 整除的马厩做了相反处理。玉帝给出一个 n,要求用数组进行模拟,算出天庭最后有多少马厩的门被打开。

【输入格式】

仅一行,一个整数 n($1 \leqslant n \leqslant 500$)。

【输出格式】

仅一行,被开的门的个数。

【输入样例】

5

【输出样例】

2

【问题分析】

本题数据范围较小,可以用模拟法来计算。根据题意,可用二重循环模拟。先定义全局布尔数组,以 0 为关,1 为开。模拟开门过程如下:

```
for(int i=1;i<=n;i++)
    for(int c=i;c<=n;c+=i)
        a[c]=!a[c];
```
第一重循环遍历 1~n；第二重循环逐一对能被 i 整除的数进行反处理。最后将值为 1 的统计起来即可。

【程序设计】
核心程序：
```
bool a[501];
int m=0;
cin>>n;
for(int i=1;i<=n;i++)//模拟开门
    for(int c=i;c<=n;c+=i)
        a[c]=!a[c];
for(int i=1;i<=n;i++)//统计
    m+=a[i];
cout<<m;
```

【例 2】 破译战况信息：

托塔李天王派使者传送降伏妖怪的战况，用 $n+1$ 个数分别表示第 n 级妖怪到第 0 级妖怪现存数减去俘虏数的值 k，现在要把它破译成玉帝可看懂的语言，第 i 级妖怪的情况表示为 kx^i，相邻级别用"＋""－"连接（与输出的关于 x 的降幂多项式一样）。

注意：开头无加号，系数为 0 不输出此项，指数为 1 省略输出指数，0 次项只输出系数。

例如：100 －1 1 －3 0 10

翻译为：$100x^5-x^4+x^3-3x^2+10$

【输入格式】
输入 n 以及 n+1 个整数（n≤5000，所有整数≤100000）。

【输出格式】
输出破译结果。

【输入样例】
3
50 0 1 －1

【输出样例】
$50x^3+x-1$

【问题分析】
本题思路较为明确，只需循环 n+1 次，每一次循环内，需要用选择语句模拟出不同的情况。

算法框架如下：
① 循环到第一个不为 0 的数。
② 从 n 循环到 1，执行③。
③ 如果此数不为 0。

{
  分情况输出符号；
  输出此数与"x"；
  分情况输出"^"与级别数；
}
④ 特殊处理 0 级情况。

【程序设计】
核心代码：
int a[102],n;
```
    int z=1;
    while(a[z]==0)
    {
        z++;
    }
    for(int i=z;i<=n;i++)
    {
        if(a[i]!=0)
        {
            if(a[i]!=1&&a[i]!=-1)cout<<a[i];
            if(a[i]==-1)cout<<"-";
            cout<<"x";
            if(n+1-i!=1)cout<<"^"<<n+1-i;
        }
        if(a[i+1]>0)
            cout<<"+";
    }
    if(a[n+1]!=0)
        cout<<a[n+1];
```

【例3】 群妖争地：

孙悟空打听到数百年来此地先后有 n 组妖精盘踞。所有妖精的领地均为矩形（包括矩形的边）。后来的妖精的领地如果与先前妖精的重叠,则此地归后来的妖精。按时间顺序输入所有妖精地盘的起始坐标、横向长度和纵向长度。编写程序查询某一坐标点为第几组妖精的地盘。

【输入格式】
一个整数 $n(0 \leqslant n \leqslant 10000)$。
n 个矩形的起始坐标和横纵长度(所有数 $\leqslant 10000$)。
查询的坐标点。

【输出格式】
输出此地归第几组来的妖精(此地无主输出 -1)。

【输入样例】
3
1 0 2 3
0 2 3 3
2 1 3 3
2 2
【输出样例】
3
【问题分析】
本题的关键是判断此点在不在某一矩形内。首先,利用已知矩形的四个信息,分别找出起始横坐标、结束横坐标、起始纵坐标及结束纵坐标。然后,根据要查询的点的坐标来判断其是否在矩形之中即可。小技巧:从后建立的地盘来查询,找到直接输出,这样可以省去很多时间。
【程序设计】
核心代码:
```
for(int i=1;i<=n;i++)
    cin>>a[i][1]>>a[i][2]>>a[i][3]>>a[i][4];
cin>>h>>s;
for(int i=n;i>=1;i--)
{
    if((a[i][1]<=h)&&(h<=a[i][3]+a[i][1])&&(a[i][2]<=s)&&(s<=a[i][4]+a[i][2]))
        {
            o=0;
            z=i;
            break;
        }
}
```

【例4】 模拟天庭对战赛表:

天庭举行比武大赛,共有 2^n 位选手,要求每位选手与其他选手各对战一次。当 n 为 3 时,循环赛表如下。

```
1 2 3 4 5 6 7 8
2 1 4 3 6 5 8 7
3 4 1 2 7 8 5 6
4 3 2 1 8 7 6 5
5 6 7 8 1 2 3 4
6 5 8 7 2 1 4 3
7 8 5 6 3 4 1 2
8 7 6 5 4 3 2 1
```

编写程序输出 2^n 位选手的循环赛表。
【输入格式】
一个整数 n($0 \leq n \leq 4$)。
【输出格式】
输出 2^n 位选手的循环赛表。
【输入样例】
3
【输出样例】
```
1 2 3 4 5 6 7 8
2 1 4 3 6 5 8 7
3 4 1 2 7 8 5 6
4 3 2 1 8 7 6 5
5 6 7 8 1 2 3 4
6 5 8 7 2 1 4 3
7 8 5 6 3 4 1 2
8 7 6 5 4 3 2 1
```
【问题分析】
首先,把整个数据横竖四等分,可以发现,任何一部分都可以推导出其余三部分。接着,把数据的四分之一再横竖四等分,也发现相同的规律。所以先定义[1][1]=1,然后根据这个数拓展成整个数据。算法框架如下:
① 用第一部分拓展出其余三部分。
② 拓展长度和增加值乘以 2。
③ 如果未模拟全部数据,回到 1。
④ 输出全部数据。
【程序设计】
核心代码:
```
int l=1;
void sb(int x)
{
    if(x<n)
    {
        l*=2;
        for(int i=1;i<=l;i++)
            for(int c=1;c<=l;c++)
            {
                a[i+l][c+l]=a[i][c];
                a[i][c+l]=a[i][c]+l;
                a[i+l][c]=a[i][c+l];
            }
        sb(x+1);
```

        }
    }

【例5】 东方不败：

东方傲来国的花果山爆发了一场巨大的战乱。孙悟空率领三万猴兵迎战天兵。三万个猴子排成三万列（每列一个猴），若孙悟空发出"S x y"指令时，第 x 个猴兵所在队的队头接含有第 y 个猴兵的队尾。天庭发出"T x y"指令，千里眼会汇报第 x 个猴兵与第 y 个猴兵的距离（若不在同一列，汇报-1）。

给出指令总数，输入每条指令，输出所有千里眼回报的结果。

【输入格式】

一个整数。

按顺序输入双方命令。

【输出格式】

所有千里眼的汇报结果。

【输入样例】

4
S 2 3
T 1 2
S 2 4
T 4 2

【输出样例】

-1
1

【问题分析】

本题不能简单地进行模拟计算，否则会超时且超过空间限制，所以需要一定的技巧（并查集）。对于每个猴兵，我们需要定义 3 个关于此猴兵的必要信息。第一信息是这个猴兵所在队的队头（队头的编号是自己），第二信息是此猴兵到队头的距离，第三信息是此点为队头时使用的信息：这个队的数量。

在执行指令前，我们需要递归查到 x 与 y 的队头，并在回溯过程中更新所有遍历到的点的第二信息和第一信息。如果是合并指令，将 x 所在队的队头的第一信息改为 y 所在队的队头的编号，将 y 所在队队头的第三信息加上 x 所在队的数量。如果是查询命令，用 x 的第二信息减去 y 的第二信息，再用绝对值处理。

【程序设计】

```cpp
#include<bits/stdc++.h>
using namespace std;
int fa[30001],front[30001],num[30001];
int x,y,i,j,n,T,ans;
char ins;
int find(int n)
{
```

```
        if(fa[n]==n)return fa[n];
        int fn=find(fa[n]);
        front[n]+=front[fa[n]];
        return fa[n]=fn;
}
int main()
{
    cin>>T;
    for(i=1;i<=30000;++i)
    {
        fa[i]=i;
        front[i]=0;
        num[i]=1;
    }
    while(T--)
    {
        cin>>ins>>x>>y;
        int fx=find(x);
        int fy=find(y);
        if(ins=='S')
        {
            front[fx]+=num[fy];
            fa[fx]=fy;
            num[fy]+=num[fx];
            num[fx]=0;
        }
        if(ins=='T')
        {
            if(fx!=fy)cout<<"-1"<<endl;
            else cout<<abs(front[x]-front[y])-1<<endl;

        }
    }
    return 0;
}
```

练习

1. 输入 n 组数,每组两个正整数,每个数为 1,2 或 3,分别代表剪刀、石头、布。要求输出左方的胜利次数减去失败次数的值。

【输出格式】

一个 n(1≤n≤100000)。

n 组数对。

【输入样例】

2

1 2

2 3

【输出样例】

−2

7.2

2. 有 n 个小人,编号从小到大,逆时针围成一个圈,面朝圈内(由 0 表示)或圈外(由 1 表示)。由第一个小人开始指出向左(由 0 表示)或向右数(由 1 表示)的第 x 个小人,接着再通过下一个小人的指示找到下下个人……输出最后一个人的编号。

【输入格式】

一个 n(1≤n≤100000),指示数 m。

1~n 的小人朝向。

1~m 的指令(每条指令两个整数表示向左(或右)数多少个小人)。

【输出格式】

输出最后一个小人的编号。

【输入样例】

7 3

0 0 0 1 1 0 1 0

0 3

1 1

0 2

【输出样例】

6

第9章 递归与递推专题

9.1 递 归

9.1.1 递归定义

一个函数、过程、概念或数学结构,如果在其定义或声明内部又直接或间接地出现有其本身的引用,则称它们是递归的或者是由递归定义的。在程序设计中,过程或函数直接或者间接地调用自己,就被称为递归调用。

9.1.2 递归思想

递归过程的执行总是一个过程体未执行结束,就带着本次执行的结果又进入另一个过程体的执行……如此反复,不断深入,直到某次过程的执行遇到终止递归的边界条件时,不再深入,而执行本次的过程体余下的部分,又返回到上一次调用的过程体中,执行其余下的部分……如此反复,直到回到起始位置,才会最终结束整个递归过程的执行,从而得到相应的执行结果。

【例1】 (递归的简单例题)悟空吃蟠桃:

孙悟空在被封为齐天大圣后,与各路神仙称兄道弟,好不快活。但是玉帝怕孙悟空胡闹破坏了规矩,便派他来看管蟠桃园。

悟空来到蟠桃园,看见满园的桃子,口水直流。他想吃桃子,但又怕被发现,便想出了一个办法:今天吃桃树1的桃子,在这里吃一个桃子。明天吃桃树2的桃子,在这里吃一个桃子,以此类推。吃完了,再倒着吃回去,再吃过去……

【问题分析】

简单说,就是从1到m(m为桃树的数量),再从m到1。给出"$1,2,3,\cdots,m-2,m-1,m,0$",再简单一点就是:倒序输出给定的数。虽然孙悟空知道怎么去求解,但是听说你已看过递归的思想和定义,所以现在想请你用学过的递归来求解这道题。

【输入样例】

1 2 3 4 5 6 7 0

【输出样例】

7 6 5 4 3 2 1 0

【程序设计】

```cpp
#include<iostream>
using namespace std;
void eat()
{
    long n;
    cin>>n;//读入
    if(n==0) return;//边界条件
    eat();//调用递归
    cout<<n;//输出
}
int main()
{
    eat();//调用递归
}
```

你可能会认为这是顺序输出,其实不然,这就是递归的精妙之处。下面我们用最通俗的语言来解释这个问题。首先,我们做一个简单的模拟,电脑内部先读入一个整数,进行判断,如果不等于 0,继续调用 eat 函数,然后再读入一个整数,若仍不为 0,继续调用 eat 函数,一直到读入的数字是 0,这样就会向上一层传达一个信息"我执行好了!你继续吧",前面一个包含它的语句就会继续执行下一条语句,执行结束后,继续返回上一条语句,不断执行,直到不能执行,即执行到最后一条语句为止。

【例 2】 （递归的升级例题）取经归来:

话说唐僧师徒四人历经千辛万苦终于从如来那里取得真经,孙悟空最终也修成正果,但他仍然放心不下花果山的徒子徒孙。于是,驾着筋斗云回到了花果山水帘洞。众猴看到他们的大王回来,都兴高采烈地围着悟空问东问西,悟空微微一笑,就向众猴讲了一个印度的古老传说。

在世界中心贝拿勒斯(位于印度北部)的圣庙里,一块黄铜板上插着三根宝石针。印度教的主神梵天在创造世界的时候,在其中一根针上从下到上穿好了由大到小的 64 片金片(这就是所谓的汉诺塔)。不论白天黑夜,总有一个僧侣在按照下面的法则移动这些金片:一次只移动一片,不管在哪根针上,小片必须在大片上面。僧侣们预言,当所有的金片都从梵天穿好的那根针上移到另外一根针上时,世界就将在一声霹雳中消失。"大王,这是真的吗?""难道世界真的要灭亡吗?""还有多长时间才能移动完呢?"众猴七嘴八舌地问个不停。悟空摆摆手,示意他们都安静下来。悟空又继续讲道:"我们暂且不管这个传说是真是假,先算一下距离世界毁灭还要多久。"

于是悟空给出了以下答案:

假设有 n 片,移动次数是 $f(n)$. 显然 $f(1)=1, f(2)=3, f(3)=7$,且 $f(k+1)=2f(k)+1$。不难证明,$f(n)=2^n-1$。当 $n=64$ 时,

$$f(64)=2^{64}-1=18446744073709551615$$

假如每秒钟移动一次,共需多长时间呢? 一个平年 365 天有 31536000 秒,闰年 366 天有

31622400 秒,平均每年 31556952 秒,计算一下:

$$18446744073709551615/31556952 = 584554049253.855 \text{ 年}$$

这表明移完这些金片还需要 5845 亿年以上。

听到悟空的解释,猴子们都松了一口气。聪明的你知道悟空是怎么计算的吗?其实,这是一个简单的递归问题。现在让悟空帮大家分析一下这个问题。

【问题分析】

这里,先分析与例题类似的盘子问题。当盘子比较多时,问题比较复杂,所以我们先分析简单的情况:

如果只有一个盘子,只需一步,直接把它从 A 柱移动到 C 柱(三根宝石针相当于 A、B、C 三根柱子);

如果是两个盘子,共需要移动 3 步:

① 把 A 柱上的小盘子移动到 B 柱;

② 把 A 柱上的大盘子移动到 C 柱;

③ 把 B 柱上的小盘子移动到 C 柱;

如果盘子个数 N 比较大时,需要很多步才能完成,所以首先考虑是否能把复杂的移动过程转化为简单的移动过程,如果要把 A 柱上最大的盘子移动到 C 柱上去,必须先把上面的 N-1 个盘子从 A 柱移动到 B 柱上暂存,按这种思路,就可以把 N 个盘子的移动过程分为 3 步:

① 把 A 柱上面的 N-1 个盘子移动到 B 柱;

② 把 A 柱上剩下的一个盘子移动到 C 柱;

③ 把 B 柱上面的 N-1 个盘子移动到 C 柱;

其中 N-1 个盘子的移动过程又可按同样的方法分为 3 步,这样就把移动过程转化为一个递归的过程,直到最后只剩下一个盘子,按照移动一个盘子的方法移动,递归结束。

【程序设计】

```
#include<iostream>
using namespace std;
long long n;
void hanoi(long long x,char a,char b,char c)//以 B 柱为中转柱将 N 个盘子从 A 柱移动到 C 柱
{
    if (x==1) cout<<" "<<a<<"->"<<c<<" "<<endl;//把盘子直接从 A 柱移动到 C 柱
    else
    {
        hanoi(x-1,a,c,b);//以 C 柱为中转柱将 N-1 个盘子从 A 柱移动到 B 柱
        cout<<" "<<a<<"->"<<c<<" "<<endl;//把剩下的一个盘子从 A 柱移动到 C 柱
        hanoi(x-1,b,a,c);//以 A 柱为中转柱将 N-1 个盘子从 B 柱移动到
```

C柱
            }
    }
    int main()
    {
        cout<<"Hanoi tower,Please input n:";
        cin>>n;
        hanoi(n,'a','b','c');//递归调用
    }

思考:输入 n,求 $n!$。(提示:$n!=n\times(n-1)!$,$0!=1$)

练习
1. 递归求出 $(n!)^2$。($n!=1\times2\times3\times\cdots\times n$)
2. 已知 $F(x)=F([x/2])+x$ $(x>1)$,$F(1)=1$,输入 n,求 $F(n)$。($[x]$ 为 x 的整数部分)
3. 给出 n,m,输出从 $1\sim n$ 选出 m 个数排列的所有方案。
4. 递归把 10 进制数 x 转换为 k 进制。

9.2 递　　推

9.2.1 递推的定义

所谓递推,是指从已知的初始条件出发,依据某种递推关系,逐次推出所要求的各中间结果及最后结果。其中初始条件或是问题本身已经给定,或是通过对问题的分析与化简后确定。

9.2.2 递推关系与关系式

假设给定一个数的序列 $H_0,H_1,\cdots,H_n,\cdots$ 若存在整数 n_0,使得 $n>n_0$ 时,可以用等号(或大于号、小于号)将 H_n 与其前面的某些项 $H_i(0<i<n)$ 联系起来,则这样的式子叫做递推关系。

递推的一般步骤:
① 建立递推关系式。根据题目的描述,一般用观察法和归纳法建立该题目的递推关系式。
② 确定边界条件。按照题目的要求,找到该题目的数值范围,防止溢出。
③ 递推求解。由递推关系式及边界条件,编程并求解递推问题。

【例 1】 (递推的简单例题)悟空吃了多少蟠桃:
聪明的悟空看着蟠桃园里的桃子,又想到了一个问题:假设我第一天吃了这堆桃子的一

半,还是不过瘾,又吃了一个;第二天又吃了剩下的一半加一个;以后每天如此。到第 n 天,桃子只剩下一个。那么最初有多少个桃子? 悟空抓耳挠腮地想了半天,还是没有答案。聪明的你,能用递推方法帮助悟空算出这道题目吗?

【问题分析】

首先,每天吃一半加一个,则剩下的就是一半减一个;那么,将剩下的加上一个就是一半;则有(剩下的＋1)×2＝原来的;想到什么? 似乎每次都是这么做! 所以可以建立递推关系式,悟空吃的桃子数量 number＝(number＋1)×2。

【程序设计】

```
#include<iostream>
using namespace std;
int main()
{
    long n,i,num=0;
    cin>>n;
    num=1;
    for(i=n-1;i>0;i--)//从第 n-1 天到第 1 天对孙悟空吃的桃子枚举,通过 n-1天的可知前一天的,所以用倒序循环。
        num=(num+1)×2;//递推关系式,今天吃的桃子数量加上因为"不过瘾"而吃的一个桃子再乘以 2 算出前一天吃的桃子数量
    cout<<num;
}
```

这里,留下一个问题:这个吃蟠桃的题目能不能用递归呢? 请读者自行考虑。

【例 2】 (递推的升级例题)有限挑选蟠桃:

悟空在蟠桃园中吃了许多桃子,早已吃厌了,正准备离去。但转念一想,不如也在花果山开一个蟠桃盛会,让徒子徒孙们也能尝尝这蟠桃的味道。于是,他摘了很多桃子,将它们放在从太上老君那儿偷来的紫金葫芦中,大摇大摆地就回到了花果山水帘洞。猴子们见到他们的大王回来了都非常开心,围在悟空的身边叽叽喳喳地问个不停,"大王,你怎么回来了?""天上有什么好玩的呀?""大王,你有没有给我们带来什么礼物?"悟空拿出怀中的紫金葫芦,眼珠一转,就大声地宣布:"孩儿们,我给你们带来了天庭最珍贵的蟠桃,只要吃一颗就能长生不老。"猴子们听后都高兴地欢呼起来。"但是我这儿有几个问题,谁能答得上来,就可以优先挑选蟠桃。"

悟空的问题是:

一只蜜蜂在图 9-1 所示的数字蜂房上爬动,已知它只能从标号小的蜂房爬到标号大的相邻蜂房,现在请问:蜜蜂从蜂房 M 开始爬到蜂房 $N(M<N)$,有多少种爬行路线?

图 9-1

听了大王的描述,猴子们一个个抓耳挠腮地思考大王的题目。不一会儿,最聪明的小聪

高声叫道:"大王,我知道解法了。"接着,他就向猴子们叙述了他的解题方案。

小聪说:"这是一道很典型的斐波那契数列类题目,其中的递推关系很明显。由于'蜜蜂只能爬向右侧相邻的蜂房,不能反向爬行'的限制,决定了蜜蜂到 N 点的路径只能是从 $N-1$ 点或 $N-2$ 点到达,根据加法原理 $a_n = a_{n-1} + a_{n-2} (M+2 \leqslant n \leqslant N)$,边界条件 $a_M = 1, a_{M+1} = 1$,便可求解出答案。"

【输入格式】

输入 M,N 的值。(1≤M,N≤1000)

【输出格式】

爬行有多少种路线。

【输入样例】

bee. in

1 14

【输出样例】

bee. out

377

【程序设计】

```cpp
#include<iostream>
using namespace std;
int main()
{
    long n,m,j,i,a[1001][65],x;
    cin>>m>>n;
    a[m+1][64]=1;//初始状态
    a[m+2][64]=2;//初始状态
    for(i=m+3;i<=n;i++)
    {
        x=0;
        for(j=64;j>=1;j--)
        {
            x=x+a[i-2][j]+a[i-1][j];//递推
            a[i][j]=x%10;//递推
            x=x/10;
        }
    }
    j=1;
    while(a[n][j]==0) j++;
    for(i=j;i<=64;i++) cout<<a[n][i];//输出
}
```

【例3】 蟠桃会:

悟空听了小聪的回答，非常满意。又出了一个题目。

游戏规则是这样的：$n(3 \leqslant n \leqslant 30)$个小猴站成一个圆圈，其中一个小猴手里拿着一个蟠桃，当悟空吹哨子时开始传递蟠桃，每个小猴可以把蟠桃传给自己左右的两个小猴中的一个（左右任意），当悟空再吹哨子时，停止传递，此时拿着蟠桃没传出去的那个小猴就是败者，要给大家表演一个节目。

那么有多少种不同的传递方法可以使得从小聪手里开始传递蟠桃，传了 $m(3 \leqslant m \leqslant 30)$ 次后，又回到小聪手里。两种传蟠桃的方向被视作不同的方法，当且仅当这两种方法中，接到蟠桃的小猴按照顺序组成的序列是不同的。比如 3 个小猴 1 号、2 号、3 号，并假设小聪为 1 号，蟠桃传了 3 次回到小聪手里的方式有 1→2→3→1 和 1→3→2→1，共两种。

【输入格式】

输入文件 ball.in 共一行，有两个用空格隔开的整数 $n, m(3 \leqslant n \leqslant 30, 1 \leqslant m \leqslant 30)$。

【输出格式】

输出文件 ball.out 共一行，有一个整数，表示符合题意的方法数。

【输入输出样例】

输入输出样例如表 9-1 所示。

表 9-1

ball.in	ball.out
3 3	2

【限制】

对于 40% 的数据满足：$3 \leqslant n \leqslant 30, 1 \leqslant m \leqslant 20$。

对于 100% 的数据满足：$3 \leqslant n \leqslant 30, 1 \leqslant m \leqslant 30$。

众小猴看到小聪抱着蟠桃吃得津津有味，都羡慕地咽了咽口水，暗暗下决心一定要解出这道题目。听完悟空的描述，猴子们都蹲在地上苦思冥想。不到一炷香的功夫，小蛮有了答案。解题过程如下。

【问题分析】

设 a[i,j] 表示经过 j 次传到编号为 i 的猴子手中的方案数，传到 i 号猴子的蟠桃只能来自于 i 的左边一个猴子和右边一个猴子，这两个猴子的编号分别是 i−1 和 i+1，所以可以得到以下的递推公式：

a[i][j]=a[i−1][j−1]+a[i+1][j−1]；

a[1][j]=a[n][j−1]+a[2][j−1]；（当 i=1 时）

a[n][j]=a[n−1][j−1]+a[1][j−1]；（当 i=n 时）

边界条件：

a[1][0]=1；

answer=a[1][m]

【程序设计】

```
#include<iostream>
using namespace std;
int main()
```

```
{
    long n,m,i,j,x,y,a[101][31];
    cin>>n>>m;//读入
    for(i=0;i<=m;i++)
        for(j=1;j<=n;j++)
            a[i][j]=0;//初始化
    a[0][1]=1;
    for(i=1;i<=m;i++)
        for(j=1;j<=n;j++)
        {
            x=j-1;//选取位置
            y=j+1;//选取位置
            if(x==0) x=n;//选取位置
            if(y>n) y=1;//选取位置
            a[i][j]=a[i-1][x]+a[i-1][y];//递推公式
        }
    cout<<a[m][1];
}
```

练习

1. 递推求斐波那契数列的前 n 项。

2. 设 $F(1)=a, F(2)=b, F(n)=cF(n-1)+dF(n-2)$ $(n>2)$，给出 a,b,c,d,n，求 $F(1)+F(2)+F(3)+\cdots+F(n)$。

3. 给定 A、B、C 三根细柱，在 A 柱上放有 $2n$ 个中间有孔的圆盘，共有 n 个不同的尺寸，每个尺寸都有两个相同的圆盘，这两个圆盘是不加区分的，按尺寸从大到小依次从下往上放。

现要将这些圆盘移到 C 柱上，在移动过程中可放在 B 柱上暂存。要求：

（1）每次只能移动一个圆盘；

（2）A、B、C 三根细柱上的圆盘都要保持上小下大的顺序；

对于输入的 n，求把 $2n$ 个圆盘从 A 移到 C 最少用多少步。

4. 有一个楼梯，一次可以上 a,b 或 c 级，求上到第 n 级的方案数。（若做不到，输出 -1）

第 10 章 枚 举 法

孙悟空大闹天宫之后,回到了花果山,想继续做他的猴大王。玉帝恼羞成怒,派下众多天兵天将,势必要抓下他!但是小小的天兵天将哪能抓得住他,在孙悟空单枪匹马冲入敌阵时,他发现他的猴子猴孙们正被人山人海的天兵天将欺压,他用尽全力终于把玉帝派下来的天兵给击退,可是依旧还是有许多猴子猴孙们受伤甚至死亡。回到水帘洞,他开始头疼怎么才能既击退天兵天将又能保全猴子猴孙们。这时,一只老猴子站出来说:"我们可以发信号来给同伴们传递信息表示安全。"于是,他们就用不同颜色的布料做了五种颜色的小旗子来传递信号。每次取出三种颜色来表示某种信息,他们把每种可能的情况都列举出来后,正好解决了当前的问题。于是,在玉帝第二次派下天兵天将后,他们不仅击退了天兵天将而且猴子们也都全身而退了。

1. 枚举法思想

枚举法的思想便是根据所提出的问题枚举所有可能状态,并用问题给定的条件检验哪些是需要的,哪些是不需要的。使命题成立者,即为其解。

简单地说,枚举法可以得到任何状态,但是状态是否合法需要进行判断,一般使用 for 语句和 if 语句。一般模板如下:

```
for(int i=1;i<=阶段数;i++)
    for(int j=1;j<=状态数;j++)
        if(当前状态符合条件) ans++;
…
printf("%d\n",ans);
```

2. 适用枚举法求解的条件

适用枚举法求解的问题必须满足两个条件:

① 可预先确定每个状态的元素个数 n。

② 状态元素 $a_1, a_2, \cdots, a_n$ 的可能值为一个连续的值域。

3. 枚举法的优缺点

任何事物都有各自的优缺点,枚举法也不例外。因为枚举法是现实生活中问题的"直译",因此比较直观,易于理解;而且算法的正确性比较容易证明。但是枚举算法的效率取决于枚举状态的数量以及单个状态枚举的代价,故效率比较低。

【例 1】 以老猴子举旗子发信号为例,有红、橙、黄、绿、蓝五种颜色的小旗,每次取出三种不同颜色的小旗来表示不同的信号,求出并输出所有信号的方案和方案总数。

【程序设计】

```
#include<iostream>
#include<cstring>
using namespace std;
```

```cpp
string s[6]={"","red","green","blue","yellow","orange"};
int main()
{
    for(int i=1;i<=5;i++)
        for(int j=i+1;j<=5;j++)
            for(int k=j+1;k<=5;k++)//方案不能重复,用单调性解决唯一性
                cout<<s[i]<<s[j]<<s[k]<<endl;
    return 0;
}
```

练习

1. 翻铜钱:

唐僧和孙悟空师徒二人路过高老庄时,恰好碰上人见人怕的猪八戒锁住高太公女儿之事,于是孙悟空决定会会猪八戒,但是当猪八戒得知有人要来捉拿他时,便只在晚上出来活动。孙悟空晚上独自在房间变身成高太公女儿等候猪八戒,可是他生性活泼,怎能耐得住寂寞,于是手掌一摊变出了一摞铜钱,铜钱分正反面,共有 m 枚,每一枚都是正面朝上。悟空取下最上面的一枚铜钱,将它翻面后放回原处。然后取下最上面的 2 枚铜钱,将它们一起翻面后放回原处。再取 3 枚,4 枚,直至 m 枚。然后再从这摞铜钱最上面的一枚开始,重复刚才的做法。这样一直做下去,直到这摞铜钱中每一枚又是正面朝上为止。例如,m 为 1 时,翻 2 次即可。

【输入格式】
一个整数,这摞铜钱的枚数 m(0<m<1000)。
【输出格式】
一个整数,使这摞铜钱中的每一枚都是正面朝上所必须翻的次数。
【输入样例】
30
【输出样例】
899

2. 藏宝:

孙悟空在取经途中遇到了一个带密码的宝盒,上面有一串需要输入的密码数列。经过探索,他发现密码符合下列规则:
① 密码是一个三位数。
② 密码的个位、十位、百位呈 3:2:1 的形态排列。
请帮助孙悟空找出所有可能的密码。
【输入格式】
无
【输出格式】
孙悟空所需要求的数。
(暂不提供样例。)

3. 火柴棒等式：

给出 n 根火柴，可以拼出多少个形如"A＋B＝C"的等式？等式中的 A、B、C 是用火柴拼出的整数(若该数非零，则最高位不能是 0)。用火柴拼数字 0～9 的拼法如图 10-1 所示。

图 10-1

注意：
① 加号与等号各自需要两根火柴。
② 如果 A≠B，则 A＋B＝C 与 B＋A＝C 视为不同的等式(A,B,C≥0)。
③ n 根火柴棍必须全部用上。

【输入格式】
一个整数 $n(n \leq 24)$。

【输出格式】
一个整数，能拼成的不同等式的数目。

【输入样例 1】
14

【输出样例 1】
2

【输入样例 2】
18

【输出样例 2】
9

【输入输出样例 1 解释】
两个等式为 0＋1＝1 和 1＋0＝1。

【输入输出样例 2 解释】
九个等式分别为：
0＋4＝4
0＋11＝11
1＋10＝11
2＋2＝4
2＋7＝9
4＋0＝4
7＋2＝9
10＋1＝11
11＋0＝11

4. 铺地毯：

为准备一个独特的颁奖典礼，组织者在会场的一片矩形区域(可看做是平面直角坐标系的第一象限)铺上了一些矩形地毯。一共有 n 张地毯，编号从 1 到 n。现在将这些地毯按照编号从小到大的顺序平行于坐标轴先后铺设，后铺的地毯覆盖在前面已经铺好的地毯上。地毯铺设完成后，组织者想知道覆盖地面某个点的最上面的那张地毯的编号。注意：在矩形地毯边界和四个顶点上的点也被地毯覆盖。

【输入格式】

输入文件名为 carpet.in。

输入共 n+2 行。

第 1 行只有一个整数 n，表示总共有 n 张地毯。

在接下来的 n 行中，第 i+1 行表示编号 i 的地毯的信息，包含四个正整数 a,b,g,k，分别表示铺设地毯的左下角的坐标(a,b)以及地毯在 x 轴和 y 轴方向的长度，每两个整数之间用一个空格隔开。

第 n+2 行包含两个正整数 x 和 y，表示所求的地面的点的坐标(x,y)。

【输出格式】

输出文件名为 carpet.out。

输出共一行，只有一个整数，表示所求地毯的编号；若此处没有被地毯覆盖，则输出-1。

5. 三连击：

将 1,2,…,9 共 9 个数分成 3 组，分别组成 3 个三位数，且使这 3 个三位数构成 1:2:3 的比例，试求出所有满足条件的 3 个三位数。

【输出格式】

若干行，每行 3 个数字。按照每行第 1 个数字升序排列。

6. Cantor 表：

现代数学的著名证明之一是康托尔(Georg Cantor)证明了有理数是可枚举的。他是用下面数据来证明此命题的：

1/1,1/2,1/3,1/4,1/5…

2/1,2/2,2/3,2/4,2/5…

3/1,3/2,3/3,3/4,3/5…

4/1,4/2,4/3,4/4,4/5…

5/1,5/2,5/3,5/4,5/5…

我们以 Z 字形给上述数据的每一项编号。第一项是 1/1，然后是 1/2,2/1,3/1,2/2,…

【输入格式】

一个整数，$N(1 \leqslant N \leqslant 10000000)$。

【输出格式】

表中的第 N 项。

【输入样例】

7

【输出样例】

1/4

7. (思考题)法术乱斗：

孙悟空最近迷上了一款名为天天战斗的游戏，他在玩里面的"法术乱斗"模式，现在他有 $N(1 \leqslant N \leqslant 8)$ 张手牌，每张手牌的消耗为 $M(0 \leqslant M \leqslant 10)$，可对敌方造成 $K(1 \leqslant K \leqslant 30)$ 点伤害。若给定这些手牌，问最少可以用多少消耗将敌方的伤害降为 0（或以下）？

【输入格式】

第 1 行为 N，D(敌方血量，$1 \leqslant D \leqslant 30$)。

接下来的 N+1 行，每行有两个整数 M，K，用来定义手牌。

【输出格式】

一个整数，表示最少消耗(数据保证一定有解)。

【输入样例】

3 3
1 1
2 2
1 3

【输出样例】

1

第11章 简单搜索算法

对于一些题目,我们不能用找规律或学过的算法来解决,必须在试完所有可能的结果后才会得到答案。此时,搜索算法就是解决它们的利器。

搜索不像其他算法只能解决部分题目,它基本是万能的,但有一个缺点,就是在不进行有效优化的情况下,时间复杂度高,容易超时。

今天,天宫招聘程序员出了三道题来考验选手们的搜索算法。孙悟空很激动,要学习搜索算法,现在让我们一起来学习吧!

11.1 算法框架

递归回溯法算法框架一:
```
int search(int k)
   {
    for(i=1;i<=算符种数;i++)
    if(满足条件)
     {
        保存结果
        if(到目的地)输出解;
           else search(k+1);
           恢复:保存结果之前的状态{回溯一步}
     }
   }
```

递归回溯法算法框架二:
```
int search(int k)
   {
    if(到目的地)输出解;
     else
       for(i=1;i<=算符种数;i++)
         if(满足条件)
          {
             保存结果
      search(k+1);
```

恢复:保存结果之前的状态{回溯一步}
        }
    }

在不同情况下,框架会有所变化,比如参数有可能是两个。

11.2 算 法 分 析

【例 1】 素数环:
从 1～20 这 20 个数摆成一个环,要求相邻的两个数的和是一个素数。
【问题分析】
这是经典的搜索算法问题。面对搜索,我们可以寻找框架中所需要的东西。
到目的地:k=20。
输出解:输出储存环的数组。
算符总数:20。
满足条件:这个数与上一个数的和为素数(最后一个数与第一个数的和也为素数),同时这个数没有被使用过。
保存:这个数存入数组。
回溯:把这个数视为未被使用过。
【程序设计】
核心代码:

```
int search(int t)
{
    int i;
    if(k==20&&pd(a[20]+a[1])==1)print();//print()表示输出 a 数组,pd()表示判断素数
        else
        {//a 数组表示环
          for(int i=1;i<=20;i++)
            if(pd(i,a[k-1])==1&&b[i]==1)//b 数组判断每个数是否被使用过
            {
                a[k]=i;
                b[i]=0;
                search(k+1);
                b[i]=1;
            }
        }
}
```

请试着写出完整的代码。

【例 2】 数字游戏：

给定一个数 m，你可以把它加上一个数或减一个数。

规定：第 i 次可以加或减 i。

输出 m 变成 n 需要的步数。

数据保证有解。

【问题分析】

每次需考虑两种情况，进而得出解。

【程序设计】（错误的程序）

```cpp
#include<iostream>
using namespace std;
int m,n,s;//s 起到计数作用，但不需赋值 0(想想为什么)
void search(int k,int i)//k 为当前数,i 为当前所加减数字
{
    if(k==n)//已达到 n
    {
        cout<<s;
        return;
    }
    else
    {
        ++s;
        if(k<n)search(k+i,i+1);
        else search(k-i,i+1);
        --s;
    }
}
int main()
{
    cin>>m>>n;
    search(m,1);
    return 0;
}
```

孙悟空运行以后发现：这个程序是错误的！比如输入 3 5 时，应该得到 3(3+1−2+3=5)，但得不到结果。孙悟空十分焦急，突然，他灵光一闪，想到了一个好方法。

搜索分为深搜(深度优先搜索)和广搜(广度优先搜索)，我们刚才学的是深搜。

广搜，先访问当前值，然后依次访问从当前值推导出的各个可能，最后从每个可能开始把它当作当前值，进行相同的操作。广搜需要用队列实现，队列是一种数据结构，相当于一个高级数组，可以瞬间找到它的头和尾，或者将一个元素插到最后(入队)，删除头元素(出队)。

如果把搜索比作一棵树，深搜就是一根根向下摸索的每个枝条，而广搜就是每一层树

叶。由于广搜的搜索方式,在实际中使它具有一些深搜没有的性质,具体内容留给读者自己探索。

练习
1. 试着写出广搜代码。
2. 例1能否用深搜?试着写一写。
3. 如果例2不保证有解,无解输出"no",又该怎么写?
4. 试着分析深搜与广搜的区别。

【例3】 迷宫问题:
编写一个程序,输出从迷宫左上角到右下角的路径长度。用 −1 表示障碍,用 0 表示通道。只能向右、向下两个方向走。如果无路,则输出"no"。

【问题分析】
我们可以先向右走,走不通则向下,再走不通向右,无路可走则回溯。
无路可走:试完所有路径后仍未得出解。

【程序设计】
```
#include<iostream>
using namespace std;
bool b[1001][1001];
int a[1001][1001];
int m,n,f=0;
int ans=0,minn;
void search(int x,int y)
{
    ++ans;
    if(x==m&&y==n)
    {
        f=1;
        if(ans<minn)minn=ans;
    }
    else
    {
        b[x][y]=true;
        if(!b[x+1][y]&&x<m&&a[x+1][y]==0) search(x+1,y);//判断是否经过、可走和越界,向下
        if(!b[x][y+1]&&y<n&&a[x][y+1]==0) search(x,y+1);//这两条语句顺序可调换
        --ans;
        b[x][y]=false;
    }
}
```

```
    }
    int main()
    {
        cin>>m>>n;
        for(int i=1;i<=m;i++)
            for(int j=1;j<=n;j++)
                cin>>a[i][j];
        minn=m*n;
        search(1,1);
        if(f==0)cout<<"no";
        else cout<<minn;
        return 0;
    }
```

练习

1. 电梯：

最近玉帝重新装修了天宫，把宫殿分成了 N（$1<N\leqslant 100$）层，同时装了一部电梯。可是这部电梯十分的奇怪：它在第 i（$i<N$）层只能上或下 K_i（$0\leqslant K_i\leqslant 100$）层。为了方便大家上下楼，玉帝研究出了这些 K_i，并把它标在第 i 层的电梯旁。一天，孙悟空来找玉帝。孙悟空现在在 A 层，而玉帝在 B 层，问孙悟空要乘多少次电梯才能找到玉帝？（提示：如果在第 i 层上 K_i 层后超过了 N 层，则电梯不接受这次指令；如果在第 i 层下 K_i 层后低于 1 层，电梯也不接受这次指令。）

【输入格式】
N
K_1 K_2,…,K_N
A B

【输出格式】
一个自然数 t，表示孙悟空要乘 t 次电梯才能找到玉帝。

【输入样例】
5
3 3 1 2 5
1 5

【输出样例】
3

2. 数字三角形：

玉帝在逐出猪八戒后，想选一个更聪明的天蓬元帅，于是出了这么一道题：

给定一个有 N 层（$N\leqslant 10$）的三角形，第 i 层有 i 个数字，例如下面这个三角形（$N=4$）：

```
            2
          3   5
        8   7   6
      3   2   5   7
```

选手要从第一层开始,先取走第一层的数,然后选择向左走或向右走,取走经过的数,以此类推,问怎样走才能使得取走的数字和最大(1≤每个数≤10)? 并输出最大和(最大和为20(2→5→6→7))。

猪八戒很想继续当天蓬元帅,你能帮帮他吗?

【输入格式】

第 1 行为 N。

然后 N 行,表达一个三角形。

【输出格式】

一个自然数,表示最大的和。

【输入样例】

4
2
3 5
8 7 6
3 2 5 7

【输出样例】

20

3. 解开紧箍:

孙悟空很想解开头上的紧箍。他发现需要输入一串密码才能解开,这个密码是一个由 1~N 组成的环,每相邻两个数的和都是一个素数。请编写一个程序,输入 $N(N \leqslant 100)$,输出一个由 1~N 组成的环(在程序中,只需输出一个数列,表示头尾相连的环),使得每相邻两个数的和都是一个素数,若没有这种情况,则输出-1。你能帮帮孙悟空吗?

【输入格式】

一个整数 N。

【输出格式】

一个长度为 N 的数列,若有多种情况,则输出第一个数最小的;第一个相同,则输出第二个数最小的,以此类推。

【输入样例】

4

【输出样例】

1 2 3 4

4. 拯救唐僧:

解开紧箍,孙悟空还没来得及高兴,唐僧就被妖怪抓走了,囚禁在一个迷宫的某处。迷宫是一个 N×N 的矩阵,设有一个障碍,障碍处不得通过。孙悟空在迷宫的(a,b)处。聪明的孙悟空明白,妖精肯定会把唐僧关在离孙悟空最远的格子。现在请帮助孙悟空找到唐僧被关的地点,需保证孙悟空能到达唐僧处。

【输入格式】

第 1 行为 N($1 \leqslant N \leqslant 100$)。

第 2 行为 T($1 \leqslant T \leqslant N$)。

第 3 行有 T+2 行,每行一个 x 和 y,表示(x,y)处有障碍($1 \leqslant x \leqslant N, 1 \leqslant y \leqslant N$)。

第 T+3 行是 a 和 b,表示孙悟空的位置($1 \leqslant a \leqslant N, 1 \leqslant b \leqslant N$)。

【输出格式】

唐僧的坐标。若有多种可能,输出最小的 x;若 x 相等,输出最小的 y。

【输入样例】

```
5
3
1 1
2 5
3 4
2 2
```

【输出样例】

```
3 5
```

5. 再次拯救唐僧:

妖精不甘心,又把唐僧抓在一个 01 矩阵里。

孙悟空现在在 01 矩阵的左上角,唐僧在右下角。若孙悟空所在格子为 0,那么他可以走到相邻的为 1 的格子;若所在格子为 1,那么他可以走到相邻的为 0 的格子。

为了尽快救出师父,请求出孙悟空到唐僧所在格子的最短路径长度。

【输入格式】

第 1 行为 N($1 \leqslant N \leqslant 1000$),表示矩阵的边长。

之后的 N 行,输入一个 01 矩阵。

【输出格式】

一个整数,即最短路径长度。如果不能抵达,输出 -1,此时孙悟空只能另想办法了。

【输入样例】

```
4
0 0 0 1
1 0 1 0
0 1 1 0
1 0 1 0
```

【输出样例】

```
7
```

第 12 章 分 治 算 法

在解决实际问题中,我们经常会遇到将一个复杂问题分解成很多小问题,然后用递归思想求出这些小问题的解,最后合并结果得出最初问题的解。例如,天庭正在举行的快速解答大赛,玉帝要求参与者很快求出 n 个数的最大值和最小值,前提条件是比较次数最少。孙悟空很快就知道了解法,聪明的你能很快知道答案吗?

12.1 分治算法的思想

分治就是"分而治之"的意思,其实质是:首先,将原问题分成若干个规模较小而结构与原问题相似的子问题;然后,递归地解决这些子问题;最后,合并结果,从而得到原问题的解。

12.2 分治算法的适用条件

能够使用分治算法解决的问题,一般具备以下几个特征:
① 可以分解成若干个相互独立、规模较小的相同子问题。
② 子问题缩小到一定程度就能得到解。
③ 子问题的解合并后,能得到原问题的解。
分治算法在信息学竞赛中应用非常广泛,使用分治策略能生成一些常用的算法和数据结构,如快排、最优二叉树、线段树等;此外,还可以直接使用分治策略解决一些规模很大、无法直接求解的问题。

12.3 分治算法的步骤

一般地,分治算法的具体步骤为:
① 分解:将要解决的问题分解成若干个规模较小的同类子问题。
② 解决:当子问题划分足够小时,求解出子问题的解。
③ 合并:将子问题的解逐层合并成原问题的解。

12.4 分治算法的框架结构

分治算法的框架结构如下：
```
void  Divide()
{
        if(问题不可分)//解决
          {
              直接求解；
              返回问题的解；
          }
     else  {
              对原问题进行分治；//分解
              利用递归对每一个分治的部分求解；
              归并整个问题,得出全问题的解；//合并
            }
}
```

【例1】 最大值和最小值：

天庭举行智力大赛,符合要求的且最快解出题目的人将会获得一颗太上老君的仙丹。现给出 n 个实数,求它们之中最大值和最小值,要求比较次数尽量小。

【输入格式】

输入只有一行,包括一个整数 n($1 \leqslant n \leqslant 20$)和 n 个数。

【输出格式】

输出只有一行,包括 2 个整数。

【输入样例】

5 1 99 3 6 0

【输出样例】

99 0

【问题分析】

假设数据个数为 n,存放在数组 a[1…n]中。则可以直接进行比较：
minn=a[1];maxx=a[1];
for(i=2;i<=n;i++)
          if (a[i]>maxx) maxx=a[i];
                  else if(a[i]<minn) minn=a[i];

这一程序的比较次数为 2(n−1)。若 n=10,则比较 18 次。

利用分治算法把集合 a 分成 a1,a2 两个子集,每个子集有 n/2 个元素,应用递归结构找出两个子集的最大元和最小元,比较得到的两个最大元和最小元,即可得到整个集合 a 中的最大元和最小元。

① 划分:把 n 个数均分为两部分。即划分点为 d=(r_1+r_2)/2,两个区间为[r_1,d]和[d+1,r_2]。

② 递归求解:求左半部分的最小值 min1 和最大值 max1,以及右半部分的最小值 min2 和最大值 max2。

③ 合并:所有数的最大值为 maxx,最小值为 minn。

则 5 1 99 3 6 0 将被分为 5 1 99 和 3 6 0 两部分,再进一步分为 5 1,99,3 6 和 0 四部分,以找最大值举例,从 5 1 中选出 5,99 中选出 99,3 6 中选出 6,0 中选出 0,再把 5 与 99 比较,6 与 0 比较,得出 99 和 6,最后得出最大数为 99。

【程序设计】

核心代码:

```
void pd(int r1,int r2,int maxx,int minn)
{
    int max1,min1,max2,min2,d;
    if(r1==r2)
    {
        maxx=x[r1];minn=x[r1];//找到答案
    }
    else if(r2==r1+1)
    {
        if(x[r2]>x[r1])
        {
            maxx=x[r2];minn=x[r1];
        }
        else
        {
            maxx=x[r1];minn=x[r2];
        }
    }
    else
    {
        d=(r1+r2)/2;
        pd(r1,d,max1,min1);//向左递归
        pd(d+1,r2,max2,min2);//向右递归
        if(max1>max2) maxx=max1;else maxx=max2;
        if(min1<min2) minn=min1;else minn=min2;
    }
}
```

【例 2】 筋斗云：

猪八戒和哪吒两人同时从 A 地出发且尽快同时赶到 B 地。出发时，A 地有一块孙悟空借给他们的筋斗云，可是这块筋斗云除了驾驭者孙悟空外只能带一人。已知猪八戒和哪吒两人的步行速度一样，且小于筋斗云的速度。问：怎样利用筋斗云才能使两人尽快同时到达？

【输入格式】

仅一行，其中三个数据分别表示 A、B 两地的距离 s，猪八戒和哪吒的步行速度 a，以及筋斗云的速度 b。

【输出格式】

猪八戒和哪吒两人同时到达 B 地需要的最短时间。

【输入样例】

120 5 25

【输出样例】

9.6

【问题分析】

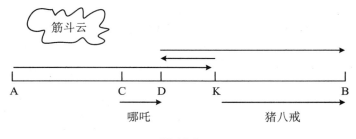

图 12-1

最佳方案为：猪八戒先乘筋斗云到达 K 处后步行，筋斗云再回头接已走到 C 处的哪吒，在 D 处哪吒和筋斗云相遇后，哪吒再乘筋斗云赶往 B，最后猪八戒和哪吒同时到达 B 地。这样问题就转换成了求 K 处的位置，利用二分法，不断尝试，直到满足同时到达的时间精度。算法框架如下：

① 输入 s,a,b。

② c0=0;c1=s;c=(c0+c1)/2。

③ 求 t1,t2。

④ 如果 t1<t2,那么 c=(c0+c)/2;否则 c=(c+c1)/2。

⑤ 反复执行③和④，直到 abs(t1-t2)满足精度要求（即小于误差标准）。

【程序设计】

```
#include<iostream>
#include<cmath>
using namespace std;
float k,a,b,s,t1,t2,c0,c1,t3,t4;
int main()
{
    cin>>s>>a>>b;
```

```
        c0=0;
        c1=s;
        do{
            k=(c0+c1)/2;//假设猪八戒下筋斗云的地点
            t3=k/b;//筋斗云到达K处的时间
            t2=t3+(s-k)/a;//猪八戒走到终点的时间
            t4=(k-t3*a)/(a+b);//从筋斗云返回到接到哪吒的时间
            t1=t3+t4+(s-(t3+t4)*a)/b;//总时间
            if(t1<t2) c0=k;
            else c1=k;
        }
    while(abs(t1-t2)>0.0001);
    cout<<t1<<endl;
    return 0;
}
```

【例3】 猪八戒砍树:

猪八戒需要砍倒 M 米长的木材为师徒四人开辟道路。对猪八戒来说,这是一件很容易的工作,因为他有一个漂亮的九齿钉耙,可以很快地砍倒树木。不过,猪八戒只被允许砍倒规定高度以上的树木。

工作过程如下:猪八戒选择一个高度参数 H 米,并锯掉所有比 H 高的部分(树木不高于 H 米的部分保持不变)。猪八戒就走到树木被锯下的部分。可是猪八戒很懒,所以他不会砍掉过多的木材。这正是他为什么尽可能高地设定选择 H 米的原因。请帮助猪八戒找到最大的整数高度 H,使得他得到的木材至少为 M 米。换句话说,如果再升高 1 米,他将得不到 M 米木材。

【输入格式】

第 1 行:2 个整数 N 和 M,N 表示树木的数量(1≤N≤1000000),M 表示需要的木材总长度(1≤M≤2000000000)。

第 2 行:N 个整数,表示每棵树的高度,值均不超过 1000000000。所有木材长度之和大于 M,因此必有解。

【输出格式】

仅以行:以个整数,表示砍树的最高高度。

【输入样例】

5 20

4 42 40 26 46

【输出样例】

36

【问题分析】

如果一行树的高度分别为 20 米,15 米,10 米和 17 米,猪八戒若选择 15 米的高度,切割后树木剩下的高度将是 15 米,15 米,10 米和 15 米,则猪八戒将从第 1 棵树得到 5 米木材,从第 4 棵树得到 2 米木材,共得到 7 米木材。

我们可以首先选择中间点进行尝试,计算出这时木材的高度,如果大了,就提高选择的高度;如果小了,就减小选择的高度。这样,就能解决这道标准的二分题了。

【程序设计】

```
#include<iostream>
#include<cstdio>
#include<cmath>
using namespace std;
long long n,m,s,mid,l,lon,trees[1000010];
int main()
{
    scanf("%lld%lld",&n,&m);
    for(int i=1;i<=n;i++)
    {
        scanf("%lld",trees+i);
        lon=max(lon,trees[i]);//找到最长木材
    }
    while(l<=lon)
    {
        mid=(l+lon)/2;//从中间点二分查找
        s=0;
        for(int i=1;i<=n;i++)
        {
            if(trees[i]>mid)
            {//树的高度大于目前选择的高度
                s+=trees[i]-mid;//高的部分累加
            }
        }
        if(s<m)
        {//木材不足
            lon=mid-1;//在左边搜,减小高度增加木材
        }
        else{
            l=mid+1;//在右边搜,增加高度减小木材
        }
    }
    cout<<l-1;
    return 0;
}
```

【例 4】 走出密室：

唐僧师徒四人被妖怪关进了密室，密室里有排成一列的 n 盏灯，其中有些灯打开，有些灯关闭。妖怪希望灯是错落有致的，于是定义了这列灯的状态的不优美度为最长的、连续的打开或关闭的灯的个数。妖怪说只要师徒四人调整优美它们就可以离开。为了节约时间，孙悟空最多可以按开关 k 次，每次操作可以使该盏灯的状态取反：原来打开的灯关闭，关闭的灯打开。现在给出这些灯的状态，求操作后最小的不优美度。

【输入格式】

第 1 行 2 个整数 n,k。n 为灯的数量，k 为可以按开关的次数。

第 2 行是一个长度为 n 的字符串，其中有两种字符：N 和 F。N 表示该灯打开，F 表示该灯关闭。

【输出格式】

最小的不优美度。

【输入样例】

```
8 1
NNNFFNNN
```

【输出样例】

```
3
```

【问题分析】

首先这是一道求最远距离最小的问题，肯定要用分治来求解。由于字符串中的字符不是 N 就是 F，所以想要让一排灯的不优美度为 1，有两种情况。以字符串 FNNNFFNN 为例，如果最多能按 4 次开关，求最小的不优美度。按照上述所叙，则可以变成：

FNFNFNFN（需要按 3 次开关）

NFNFNFNF（需要按 5 次开关）

不难得出，想要让一排灯（灯数>1）的不优美度为 1 共有两种情况，而变成这两种情况所需要按开关的次数之和正好是灯数。所以我们只要特判出一种情况，灯数一需要按的次数＝另一种情况需要按的次数，即特判两个次数是否小于等于可以按的次数。

【程序设计】

```cpp
#include<iostream>
using namespace std;
int main()
{
    int n,k,p=0,g,t,ans;
    char c[2]={'F','N'};//灯的状态对应的字符
    string s;
    cin>>n>>k>>s;
    for(int i=0;i<n;i++)
        if(s[i]==c[i%2])p++;
    if((p<=k)||(n-p<=k))
    {
        cout<<1;
```

```
        return 0;
}//进行特判
int lb=2,rb=n/k+1,mb;//二分前的准备
while(lb<=rb)
{
    mb=(lb+rb)/2;
    g=0;
    for(int i=0,j=0,l=0;i<n;i++)
    {
        if(s[j]==s[i])l++;
        else j=i,l=1;
        if(mb<l)
            j=i+1,l=0,g++;
    }
    if(g<=k)
        rb=mb-1;
    else
        lb=mb+1;
}//根据情况进行二分的分段
cout<<lb;
return 0;
}
```

【例5】 地毯填补：

天庭的宫殿有一个 4×4 的迷宫方格，玉皇大帝选择驸马方法非常特殊，但也非常简单：公主站在其中一个方格里，只要用地毯将除公主站立外的所有方格盖上即可。注意，公主所站的方格不能用地毯盖住，地毯的形状有所规定，只能有四种选择(图 12-2)：

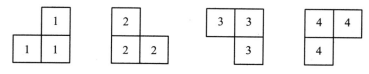

图 12-2

并且每个方格只能用一层地毯，迷宫为 $(2k)^2$ 的正方形。当然，也不能让公主无限制地站在那儿等，对吧？由于使用了计算机，所以实现时间为 1 s。

【输入格式】

输入文件共 2 行。

第 1 行：k，即给定被填补迷宫的大小为 $2^k(0<k≤10)$。

第 2 行：x y，即给出公主所在方格的坐标(x 为行坐标，y 为列坐标)，x 和 y 之间用一个空格隔开。

【输出格式】
将迷宫填补完整的方案:每一补(行)为 x y c (x,y 为地毯拐角的行坐标和列坐标,c 为使用的地毯形状,具体见图 12-2,毯形状分别用 1、2、3、4 表示,x,y,c 之间用一个空格隔开)。
【输入样例】
3
3 3
【输出样例】
5 5 1
2 2 4
1 1 4
1 4 3
4 1 2
4 4 1
2 7 3
1 5 4
1 8 3
3 6 3
4 8 1
7 2 2
5 1 4
6 3 2
8 1 2
8 4 1
7 7 1
6 6 1
5 8 3
8 5 2
8 8 1
【问题分析】
看到这个问题是否有一种递归重复的感觉。首先,对于最简单的情况(即 k=1)进行分析:公主只会在 4 个方格中的一个。
① 公主在左上角的方格中,则使用 3 号地毯,地毯拐角坐标位于(2,2)。
② 公主在左下角的方格中,则使用 2 号地毯,地毯拐角坐标位于(1,2)。
③ 公主在右上角的方格中,则使用 1 号地毯,地毯拐角坐标位于(2,1)。
④ 公主在右下角的方格中,则使用 4 号地毯,地毯拐角坐标位于(1,1)。
其实这样不能说明什么问题,但是继续讨论就会有所收获,即讨论 k=2 的情况(图 12-3):

假设公主所在的位置用实心圆表示,即图中的(1,4),那么我们就可以把 1 号地毯放在(2,3)处,这样就将(1,3)至(2,4)的 k=1 小方格全部覆盖(♯表示地毯)。接下来就是继续填满 3 个 k=1 的方格,这样问题就归结为 k=1 的情况,但有一点不同的是:没有"公主",每一个 k=1 的方格都会留下一个空白(即图中的空心圆),那么空白有:1 * 3 = 3 个,组合后便又是一个地毯形状。

图 12-3

这个时候，分治的思想就体现出来了。对于任意 k>1 的宫殿，均可以将其化分为 4 个 k/2 大小的宫殿，先看公主所在位置属于哪一块，因为根据公主所在位置，我们可以确定中间位置所放的地毯类型，再递归处理公主所站的那一块，直到出现边界条件 k=1 的情况，最后在公主边上铺上一块合适的地毯即可，递归结束。

由于要递归到每一个方格，所以复杂度就是面积的大小，即 $O(2*k*k)$。

【程序设计】

```
#include<cstdio>
using namespace std;
long long x,y,len;int k;
long long fun(int k)
{
    long long sum=1;
    for(int i=1;i<=k;++i) sum*=2;
    return sum;
}
void solve(long long x,long long y,long long a,long long b,long long l)
{
    if(l==1) return;
    if(x-a<=l/2-1 && y-b<=l/2-1)//继续寻找
    {
        printf("%lld %lld 1\n",a+l/2,b+l/2);//第一种地毯
        solve(x,y,a,b,l/2);
        solve(a+l/2-1,b+l/2,a,b+l/2,l/2);
        solve(a+l/2,b+l/2-1,a+l/2,b,l/2);
        solve(a+l/2,b+l/2,a+l/2,b+l/2,l/2);
    }
    else if(x-a<=l/2-1 && y-b>l/2-1)
    {
        printf("%lld %lld 2\n",a+l/2,b+l/2-1);//第二种地毯
        solve(a+l/2-1,b+l/2-1,a,b,l/2);
        solve(x,y,a,b+l/2,l/2);
        solve(a+l/2,b+l/2-1,a+l/2,b,l/2);
```

```
            solve(a+l/2,b+l/2,a+l/2,b+l/2,l/2);
        }
        else if(x-a>l/2-1 && y-b<=l/2-1)
        {
            printf("%lld %lld 3\n",a+l/2-1,b+l/2);//第三种地毯
            solve(a+l/2-1,b+l/2-1,a,b,l/2);
            solve(a+l/2-1,b+l/2,a,b+l/2,l/2);
            solve(x,y,a+l/2,b,l/2);
            solve(a+l/2,b+l/2,a+l/2,b+l/2,l/2);
        }
        else
        {
            printf("%lld %lld 4\n",a+l/2-1,b+l/2-1);//第四种地毯
            solve(a+l/2-1,b+l/2-1,a,b,l/2);
            solve(a+l/2-1,b+l/2,a,b+l/2,l/2);
            solve(a+l/2,b+l/2-1,a+l/2,b,l/2);
            solve(x,y,a+l/2,b+l/2,l/2);
        }
}
int main()
{
    scanf("%d %lld %lld",&k,&x,&y);
    len=fun(k);
    (x,y,1,1,len);
    return 0;
}
```

练习

1. 运用二分法查找给定长度为 n 的数列 a 中第一个大于等于 x 的数。

2. 计算 $x^y \bmod p$。其中 $x,y,p \leqslant 10^9$。

3. 任何一个正整数都可以用 2 的幂次方表示。例如：$137=2^7+2^3+2^0$。同时约定乘方用括号表示，即 a^b 可表示为 $a(b)$。由此可知，137 可表示为 $2(7)+2(3)+2(0)$，进一步 $7=2^2+2+2^0(2^1$ 用 2 来表示$)$，$3=2+2^0$。所以 137 最后可表示为 $2(2(2)+2+2(0))+2(2+2(0))+2(0)$。

输入 n，求符合约定的 n 的 0,2 表示。（在表示中不能有空格）

4. 给定平面上的 n 个点，找出其中的一对点的距离，使得在这 n 个点的所有点对中，该距离为所有点对中最小的。

第13章 排序算法

排序算法是将一个无序的数列转化为有序数列的一种算法,非常常用。其中有一些排序算法的思路难以理解,需要我们自己手列几个数据,模拟并反复琢磨之后,思路就会豁然开朗。

排序算法其实一个语句可以代替全部(后面会讲),只记住模板也可,重要的是各种排序算法的思想。例如,孙悟空从天庭偷了好多的桃子,现在猪八戒很想吃,可是桃子太多了,猪八戒不知道从哪个下口。猪八戒十分贪吃,但又怕孙悟空看到,所以他通常从小的下口,由于自己吃的太多,所以脑子有些呆滞。现在猪八戒想请会编程的你来帮助他完成这个任务,计算一下自己吃桃子的顺序。

13.1 选择排序

选择排序的基本思想是:对于排序的记录序列进行n-1遍的处理,第1遍处理是将L[1…n]中最小者与L[1]交换位置,第2遍处理是将L[2…n]中最小者与L[2]交换位置,……第i遍处理是将L[i…n]中最小者与L[i]交换位置。这样,经过i遍处理之后,前i个记录的位置就已经按从小到大的顺序排列好了。即先把最小的数放在第一位,并与第一个数交换位置。以此类推,后面的每一个数值都进行此操作。例如:

数列:5 3 4 2 1
第一次:1 3 4 2 5
第二次:1 2 4 3 5
第三次:1 2 3 4 5
第四次:1 2 3 4 5
第五次:1 2 3 4 5

别着急看标准程序! 自己先编写一个程序,看看能不能编写出来。

```cpp
#include<iostream>
using namespace std;
int a[10001];
int main()
{
    int n;
    cin>>n;
    for (int i=1;i<=n;++i)
```

```
        cin>>a[i];
    for (int i=1;i<=n-1;++i)
    {
        int k=i;//查找第 i 小的数
        for (int j=i+1;j<=n;++j)//由于前 i 个数都是排好的,所以只需从 i+1
的位置向后循环即可
            if (a[j]<a[k]) k=j;
        if (k!=i)//如果这个数不在第 i 位,那么将其与第 i 位的数交换位置
        {
            int t=a[i];
            a[i]=a[k];
            a[k]=t;
        }//插入这个数
    }
    for (int i=1;i<=n;++i)
        cout<<a[i]<<' ';//按照排好序后的顺序输出
}
```

13.2 插 入 排 序

插入排序是在一个序列中插入一个数,达到有序的效果。

插入排序的基本思想是:经过 i-1 遍处理后,L[1…i-1]已排好序。第 i 遍处理仅将 L[i]插入 L[1…i-1]的适当位置 p,原来 p 后的元素一一向右移动一个位置,使得 L[1…i] 又是排好序的序列。其程序如下:

```
for (i=2;i<=n;++i)
{
    k=a[i];j=i-1;//在 1~i-1 这个序列中插入 i
    while (k<a[j] && j>0)
    {
        a[j+1]=a[j];//插入的位置后面的数后移
        j--;
    }
    a[j+1]=k;//插入进去
}
```

开始可能会比较难以理解,慢慢来。我们可以换一种思路:从每个数开始,前面的数都已经排好序。然后,找到 i 在前面数列中合适的位置并插入,而且将这个位置后面的到第 i 个元素的所有元素后移一位(最核心部分)。也可以将插入排序看成将一个简单的有序数列不断扩张的过程。例如:

初始数列：9 8 2 4 3
第一次：8 9 2 4 3
第二次：2 8 9 4 3
第三次：2 3 8 9 4
第四次：2 3 4 8 9

13.3 冒 泡 排 序

冒泡排序（较常用的排序方法）又称交换排序，其基本思想是：对于排序的记录的关键字进行两两比较，如果发现两个数据是反序的，即前一个大于后一个，则进行交换，直到无反序为止。第一次排序后，最小的数到了第一位；第二次排序后，第二小的数到了第二位，以此类推。其程序如下：

```
for (int i=1;i<=n-1;++i)
  for (int j=n;j>=i+1;--i)
    if (a[j-1]>a[j])
    {
        t=a[j-1];a[j-1]=a[j];a[j]=t;
    }//符合条件，则交换两个数值
```

但是，有的时候不需要排 n-1 次。两个数可能会出现多次比较的情况，比如第一次比较 1<2，第二次可能还需要比较一次 1<2，这样就会白白浪费很多时间，所以可以设置一个布尔变量，判断是否有交换，如果没有，则意味着排序结束。

优化后的程序如下：

```
t=1;
while (i<n && t)
{
    bool=0;
    for (int j=n;j>=i+1;--j)
      if (a[j-1]>a[j])
        {t=a[j-1];a[j-1]=a[j];a[j]=t;t=1;//如果没有出现交换，那么下一次就不需再检测了，数据已经有序，没必要再排
        }
}
```

优化部分对初学者来说很难理解，但是只要模拟一下，就会发现其中的奥秘。例如：

【输入样例】

5 9 3 0 1 10

【输出样例】

0 1 3 5 9 10

【输出过程】
初始数据:5 9 3 0 1 10
第一次:0 5 9 3 1 10
第二次:0 1 5 9 3 10
第三次:0 1 3 5 9 10
第四次:没有操作,说明已经排序完毕,直接输出即可。

练习
综合应用,分别用冒泡排序及其优化、插入排序、选择排序各编写一个程序,要求从大到小排序。

13.4 快 速 排 序

快速排序运用二分的方法,首先选择中间的值将数据分成左右两个部分,比中间值小的在这个值的左边,大的在右边;之后再对左右两边分别用同样的方法,直到每一个待处理的序列的长度都为1。不断对每个部分进行相同的操作分割,直到每个部分都只剩两个数据,不需要再排序,处理方可结束。

接下来模拟一下!
输入:3 5 2 4 1
中间值:2
第一次:1 2 3 5 4
中间值:由2分隔开的两个序列,左边只有1,不需要再排序,右边的中间值为5
则最后变成:1 2 3 4 5
由于5左边只有两个数据,比较大小可得3<4,则3在4前面,排序结束。
现在,有没有发现其中的原理?快速排序的排序次数少了很多,原因是什么?自己先思考,再小组交流。
实际上快速排序是先确定一个随机值的位置,之后在这个随机值两边进行同时操作,效率比单方向的操作快了很多。

```
#include<iostream>
#include<algorithm>
#include<cstdio>
using namespace std;
int a[20001];
int b[20001];
int n;
void qsort(int l,int r)//快速排序
{
    int i=l,j=r,mid=a[(l+r)/2],tmp;//mid 即为中间值
```

```
            do
            {
                while (a[i]<mid) ++i;//把比中间值小的数移到后面
                while (a[j]>mid) --j;//大的数移到前面
                if (i>=j)//如果两个指针相遇,就交换位置,相当于继续往前或往后移动,比较难以理解
                {
                    tmp=a[i];a[i]=a[j];a[j]=tmp;
                    ++i;--j;//交换
                }
            }while (i>j);//切记这里不能加等号
            if (l<j) qsort(l,j);//排中间值左边
            if (i<r) qsort(i,r);//排中间值右边
        }
        int main()
        {
            scanf("%d",&n);
            for(int i=1;i<=n;i++)
                scanf("%d",&a[i]);
            qsort(1,n);//从1~n排序
            for(int i=1;i<=n;i++)
                cout<<a[i]<<' ';
        }
```

现在请读者自行理解上述程序的思路。

补充：sort(数组名,数组名+数量)表示在一个数组中,从0开始对后来的n个数(不是到下标n)进行排序。其中,sort(a+1,a+n+1)表示的就是从下标1开始,对后面的n个数进行排序。

现在你是否学会了最重要的排序？是不是很简单呢？

13.5 归并排序

归并是将多个有序的数列合成一个有序的数列。将两个有序序列合并为一个有序序列叫做二路归并(merge)。归并排序就是长度 n 为1的子序列,两两归并最后变为有序的序列。难度较大,代码稍长,这里对其理解不作要求。

```
void Merge(int arr[],int left,int mid,int right)
{
    static int p=1,que[123456]={ 0 };
    int pl=left,pr=mid;int ql=mid+1,qr=right;
```

```
            while (pl<=pr||ql<=qr)
                {
                        if((ql>qr)||(pl<=pr && arr[pl]<=arr[ql]))//有点麻烦的判断,要考虑 arr 已提取完的情况 que[p++]=arr[pl++];
                        else que[p++]=arr[ql++];} while (left<=right) arr[right--]=que[--p];
                }
        void MergeSort(int arr[],int left,int right)
                {
                        if (left >=right) return;
                        int mid=(left+right) / 2;
                        MergeSort(arr,left,mid);//左边到中间值的部分排序
                        MergeSort(arr,mid+1,right);//中间值到右边的距离排序
                        Merge(arr,left,mid,right);//二分递归
                }
```

13.6 线 形 排 序

基于比较的排序算法有很多,如快速排序、归并排序、堆排序等,它们复杂度都是 $O(n\log n)$,那么我们能不能进行优化呢？答案是肯定的,下面两种算法就可以在一定条件下进行优化。

13.6.1 计数排序

计数排序是非基于比较来排序的稳定排序算法,它的时间复杂度为 $O(n+k)$(k 为待排数列的值域),优于任何排序算法,但却牺牲了空间,其空间复杂度为 $O(k)$,当 k 很大时,该排序算法是不可行的。

1. 算法思想

既然数的值域很小,我们就可以用一个数组记录出现次数,即利用一个前缀和就可以很容易地求出每个数所在的位置,这样排好序的数组就很容易求解了。

2. 排序过程

设原数组为 a,长度为 n,排好后的数组为 b。记一个数组 c,$c[i]$ 为 i 这个数在原数组的出现次数,若 $c[i]$ 加 $c[1\sim i-1]$,便可以发现 $c[i]$ 表示的就是 i 所在的位置,之后再从后往前(因为 $c[i]$ 表示的是 i 的最后一个位置)遍历 a 的每一个数 $a[i]$,使 $b[c[a[i]]]=a[i]$,$c[i]$ 减 1,便可得出 b。例如:

若 n=7,a 为 3,6,2,1,4,2,3,则 c 为 1,2,2,1,0,1(c 的长度为 a 的值域 6),$c[i]$ 加 $c[1\sim i-1]$ 后为 1,3,5,6,6,7。

若列在表格中,则如表 13-1 所示。

表 13-1

i	1	2	3	4	5	6	7
a	3	6	2	1	4	2	3
c	1	3	5	6	6	7	
b							

i 从 7 到 1 循环的过程分别如表 13-2 至表 13-8 所示。

① i=7 时，a[i]=3，c[a[i]]=5，所以 b[c[a[i]]]=b[5]=a[i]=3，并让 c[a[i]]减 1。

表 13-2

i	1	2	3	4	5	6	7
a	3	6	2	1	4	2	3
c	1	3	4	6	6	7	
b					3		

② i=6 时，a[i]=2，c[a[i]]=3，所以 b[c[a[i]]]=b[3]=a[i]=2，并让 c[a[i]]减 1。

表 13-3

i	1	2	3	4	5	6	7
a	3	6	2	1	4	2	3
c	1	2	4	6	6	7	
b			2		3		

③ i=5 时，a[i]=4，c[a[i]]=6，所以 b[c[a[i]]]=b[6]=a[i]=4，并让 c[a[i]]减 1。

表 13-4

i	1	2	3	4	5	6	7
a	3	6	2	1	4	2	3
c	1	2	4	5	6	7	
b			2		3	4	

④ i=4 时，a[i]=1，c[a[i]]=1，所以 b[c[a[i]]]=b[1]=a[i]=1，并让 c[a[i]]减 1。

表 13-5

i	1	2	3	4	5	6	7
a	3	6	2	1	4	2	3
c	0	2	4	5	6	7	
b	1		2		3	4	

⑤ i=3 时，a[i]=2，c[a[i]]=2，所以 b[c[a[i]]]=b[2]=a[i]=2，并让 c[a[i]]减 1。

表 13-6

i	1	2	3	4	5	6	7
a	3	6	2	1	4	2	3
c	0	1	4	5	6	7	
b	1	2	2		3	4	

⑥ i=2 时，a[i]=6，c[a[i]]=7，所以 b[c[a[i]]]=b[7]=a[i]=6，并让 c[a[i]]减 1。

表 13-7

i	1	2	3	4	5	6	7
a	3	6	2	1	4	2	3
c	0	1	4	5	6	6	
b	1	2	2		3	4	6

⑦ i=1 时，a[i]=3，c[a[i]]=4，所以 b[c[a[i]]]=b[4]=a[i]=3，并让 c[a[i]]减 1。

表 13-8

i	1	2	3	4	5	6	7
a	3	6	2	1	4	2	3
c	0	1	4	5	6	6	
b	1	2	2	3	3	4	6

至此 a 排序完毕，结果在 b 中，为 1,2,2,3,3,4,6。

现在思考一个问题：为什么要从后往前遍历 a？众所周知，计数排序是稳定，为了使排序稳定，所以从后往前遍历。例如（表 13-9）：

表 13-9

i	1	2
a	1	1
c		2

因为是稳定算法，所以必须使两个相等的 1 排序后相对位置不变。如果从前往后遍历，遍历到 a[1]时，c[a[1]]=2，a[1]排在了第 2 位，所以不满足要求。但如果从后往前，就会把 a[2]排在第 2 位，满足要求。这是因为 c[i]表示的是 i 的最后一个位置。

3. 代码实现

```
for(int i=1;i<=n;++i) ++c[a[i]];//统计出现次数
for(int i=1;i<=m;++i)//m 为值域
    c[i]+=c[i-1];//使 c[i]变成 c[1]到 c[i]的和
for(int i=n;i>=1;--i)
{//注意是倒序
    b[c[a[i]]]=a[i];
    --c[a[i]];//a[i]的出现次数减 1
}
```

13.6.2 桶排序

桶排序实际上是基数排序的拓展，是把所有元素放进若干个桶内，每个桶再进行排序，最后合并结果的过程。

1. 适用条件

数的分布尽量平均，不然会出现一个桶内有很多个数的情况，这样一个桶的计算时间就会增加，总的时间复杂度也会增加。

2. 时间复杂度

设有 n 个元素，m 个桶，则每个桶大概有 $[n/m]$ 个元素，如果每个桶使用快速排序，那么时间复杂度为

$$O(n)+O(m*(n/m)*\log(n/m))$$
$$=O(n+n*(\log n-\log m))=O(n+n*\log n-n*\log m)$$

当 $n=m$ 时，即极限情况下每个桶仅有 1 个元素，桶排序的效率最好，为 $O(n)$。

3. 排序过程

设有 n 个元素，m 个桶，我们首先寻找一种方法使分布尽量均匀，如找到最大值（max）和最小值（min），将 min 到 max 分成 m 段，长度为 $(\max-\min+1)/m+1$（防止除以 m 除不尽，导致桶取小，所以加 1），则每段就对应一个桶。把元素放进桶内，并在桶内进行排序，最后合并结果。

4. 代码实现

```
void bucketsort(int n,int m)
  {//n 个元素,m 个桶
   int mx=a[1],mi=a[1];
   for(int i=2;i<=n;++i)
     mx=max(mx,a[i]),mi=min(mi,a[i]);
   int size=(mx-mi+1)/m+1;//求出桶的大小
   for(int i=1;i<=n;++i)
     {
      int t=(a[i]-mi)/size+1;//计算 a[i]位于哪个桶内
      b[t].c[++b[t].len]=a[i];//插入桶
     }
   for(int i=1;i<=m;++i)
     sort(b[i].c+1,b[i].c+b[i].len+1);//桶内排序
   int cnt=0;
   for(int i=1;i<=m;++i)
     for(int j=1;j<=b[i].len;++j)
       ans[++cnt]=b[i].c[j];//合并结果
  }
```

13.7 排序算法的比较

1. 稳定性比较

不管初始数字是怎样的，排序算法的时间复杂度始终不变，就是稳定的排序算法，反之即是不稳定的排序算法。

插入排序、冒泡排序、二叉树排序、二路归并排序及其他线形排序是稳定的排序算法；选择排序、希尔排序、快速排序、堆排序是不稳定的排序算法。

2. 时间复杂性比较

插入排序、冒泡排序、选择排序的时间复杂性为 $O(n^2)$。由于 n^2 循环，故其他非线形排序的时间复杂性为 $O(n\log_2 n)$（快速排序），线形排序的时间复杂性为 $O(n)$。

3. 辅助空间的比较

线形排序、二路归并排序的辅助空间为 $O(n)$，其他排序的辅助空间为 $O(l)$。

4. 其他比较

我们一般用快速排序，就平均而言，快排排序的时间复杂度最低。

插入排序、冒泡排序的速度较慢，但参加排序的序列局部或整体有序时，它们的排序速度较快。在这种情况下，快速排序反而较慢，因为此时效率相当于 n^2。

例如在进行排序时，快速排序每次选的中间值都是数列的最小值（或最大值），所以二分显得毫无意义，这个排序算法也就显得无力和缓慢，时间复杂度便降到了 n^2。

当 n 较小时，若对稳定性不作要求，宜用选择排序；若对稳定性有要求，宜用插入排序或冒泡排序。

当待排序的记录的关键字在一个明显有限范围内，且空间允许时，宜用桶排序。桶排序时间非常优秀，但是需要的空间非常大。

当 n 较大时，关键字元素比较随机，对稳定性无要求，宜用快速排序。

当 n 较大时，关键字元素可能出现本身是有序的，对稳定性有要求时，且在空间允许的情况下，宜用归并排序。

练习

1. 默写冒泡排序、归并排序以及快速排序的基本程序。

2. 有一条横贯东西的大河，河有笔直的南北两岸，岸上各有位置各不相同的 N 个城市。北岸的每个城市有且仅有一个友好城市在南岸，而且不同城市的友好城市不相同。每对友好城市都向政府申请在河上开辟一条直线航道连接两个城市，但是由于河上雾太大，政府决定避免任意两条航道交叉，以免发生事故。请你帮助政府做出一些批准和拒绝申请的决定，使得在保证任意两条航道不相交的情况下，被批准的申请尽量多。

3. 在一个旧式的火车站旁边有一座桥，其桥面可以绕河中心的桥墩水平旋转。一个车站的职工发现桥的长度最多能容纳两节车厢，如果将桥旋转 $180°$，则可以把相邻两节车厢的位置交换，用这种方法可以重新排列车厢的顺序。于是，他就负责用这座桥将进站的车厢按车厢号从小到大排列。他退休后，火车站决定将这一工作自动化，其中一项重要的工作是编写一个程序：输入初始的车厢顺序，计算最少用多少步就能将车厢排好顺序。

【输入格式】

共 2 行。

第 1 行是车厢总数 N。

第 2 行是 N 个不同的数，表示初始的车厢顺序。

【输出格式】

一个整数，最少的旋转次数。

4. 图书馆中每本书都有一个图书编码,可以用于快速检索图书,这个图书编码是一个正整数。每位借书的读者都有一个需求码,这个需求码也是一个正整数。如果一本书的图书编码恰好以读者的需求码结尾,那么这本书就是这位读者所需要的。小D刚刚当上图书馆的管理员,她知道图书馆里所有书的图书编码。请你帮她编写一个程序:对于每位读者,求出他所需要的书中图书编码最小的那本书,如果没有他需要的书,则输出－1。

【输入格式】

第1行,包含两个正整数n,q,以一个空格分开,分别代表图书馆里书的数量和读者的数量。

接下来的n行,每行包含一个正整数,代表图书馆里某本书的图书编码。

接下来的q行,每行包含两个正整数,以一个空格分开,第一个正整数代表图书馆里读者的需求码的长度,第二个正整数代表读者的需求码。

【输出格式】

共q行,每行包含一个整数,如果存在第i个读者所需要的书,则在第i行输出第i个读者所需要的书中图书编码最小的那本书的图书编码,否则输出－1。

【输入样例】

5 5
21231123
23
24
24
2 23
3 123
3 124
2 12
2 12

【输出样例】

23
1123
－1
－1
－1

5. 小伟报名参加中央电视台的智力大冲浪节目。本次挑战赛吸引了众多参赛者,主持人为了表彰大家的勇气,先奖励每个参赛者m元。先不要太高兴! 因为这些钱还不一定都是你的! 接下来主持人宣布了比赛规则:

首先,比赛时间分为n个时段$(n \leqslant 500)$,他又给出了很多小游戏,每个小游戏都必须在规定时限t_i前完成$(1 \leqslant t_i \leqslant n)$。如果一个游戏没能在规定时限前完成,则要从奖励费$m$元中扣去一部分钱$w_i$,$w_i$为自然数,不同的游戏扣去的钱是不一样的。当然,每个游戏本身都很简单,保证每个参赛者都能在一个时段内完成,而且都必须从整时段开始。主持人只是想考考每个参赛者是如何安排与组织自己做游戏的顺序。作为参赛者,小伟很想赢得冠军,当然更想赢取最多的钱!注意:比赛绝对不会让参赛者赔钱!

【输入格式】

输入文件 riddle.in,共 4 行。

第 1 行为 m,表示开始奖励给每位参赛者的钱。

第 2 行为 n,表示有 n 个小游戏。

第 3 行有 n 个数,分别表示游戏 1 到 n 的规定完成时限。

第 4 行有 n 个数,分别表示游戏 1 到 n 未能在规定期时前完成的扣款数。

【输出格式】

输出文件 riddle.out,仅一行,表示小伟能赢取的最多的钱。

第 14 章 高精度运算

在实际中,我们常常需要进行一些很大的数的运算。例如,在孙悟空的花果山,有成千上万个猴子,也有好多个山洞,有一天,孙悟空耍了几下金箍棒后,看到自己的小猴子们都在玩耍,他觉得小猴子们一直都在玩耍,没有学习一些本领和知识,这样的情况不利于他们的成长,于是孙悟空决定考一考小猴子们。他叫来在自己身边玩耍的几个小猴子,问了他们一个问题:孩儿们,你们都知道当两个数较小时,能用计算机直接求出它们的和,但是当两个数很大时,比如已知两个正整数 a 和 b($<10^{20}$),此时怎么求 a,b 的和呢?如果谁能回答这个问题,谁就可以吃到他从蟠桃会上带回来的桃子,小猴子们纷纷挠头思考。孙悟空又提示了一下:在给定的数据范围,用语言本身提供的数据类型无法直接进行处理(主要指加减乘除运算)时,我们需要采用特殊的处理办法进行。不一会儿,一个聪明的小猴子就做出了这道题目,并且吃到了蟠桃。

14.1 高精度运算的思想

所谓的高精度运算,是指在某些试题中,参与处理的数据大小超出了标准数据类型所能表示的范围的运算。通俗地讲,高精度运算就是用一个数组来表示整数,用模拟我们求解竖式的方法进行计算。高精度运算是信息学奥赛中用到的最基础的知识之一,单独考查的情形很少,但作为基础知识,在考查其他主要算法时会经常用到,且常出现在难度较高的题目中,但因其处理时的高复杂度,使许多选手望而却步。高精度运算对选手的编程技巧和程序调试能力提出了很高的要求,并且要求选手需要非常细心地去对待它。

14.2 数的存储和处理

在数存储和处理中,不能使用 int 或 long 直接进行处理,通常使用字符数组和数字数组。

1. 字符数组

字符数组可以理解为字符串,使用 gets 读入(gets(s)),优点是可以直接读入,但是字符数组并不能实现加减乘除法,所以在这种情况下,需要将字符数组转化为数字数组。

2. 数字数组

数字数组不支持直接读入,即必须输入数组的位数才能读入,但是由于是用数字存储的，所以可以进行直接的加减乘除。

二者结合，取共同优点，组成高精度。

在读入时，需要另定义一个数组存储每位数字。但在将字符数组转为数字数组时，有三点需要注意：

① char c='0';int a=int(c);这时变量 a 的值并非 0，而是字符 0 的 ASCII 码。所以在转化时还要减去 48(0 的 ASCII 码)，即 char c='0';int a=int(c)−48，这时 a 的值才是 0。

② 在学习竖式计算时，会把两个操作数右对齐，但在计算机中右对齐是很麻烦的：首先，要计算出最长字符串的长度，然后在另一个字符串前补 0。这种方法的效率极低，但还有一种办法，就是倒序存储，即正序计算(思考其进位方向)，最后再倒序输出。例如：

$$\begin{array}{r} s1:120 \quad a:021 \\ +\ s2:987 \quad b:789 \\ \hline Out:1107 \quad c:7011 \end{array}$$

综上所述，转化为伪代码。即(基本代码)：

gets(s1);
gets(s2);
len1=strlen(s1);
len2=strlen(s2);
for (i=0;i<=len1−1;i++)　a[len1−i]=a1[i]−48;
for (i=0;i<=len2−1;i++)　b[len2−i]=b1[i]−48;

③ 在计算基本结束时需要收尾，如处理加法最高位的进位，去掉减法数字开头的零，还需提前输出负号，等等。

【例 1】　山洞里猴子总数($a+b$)：

花果山有许多山洞，每个山洞里都住着成千上万只猴子，现在的问题是已经某两个山洞的猴子数目分别为 a 和 b，如何求出这两个山洞的猴子的总数目呢?

【输入格式】

第 1 行有两个整数 a 和 b。其中 a 表示某个山洞里猴子的数目，b 表示另一个山洞里猴子的数目。

【输出格式】

仅一个数，表示两个山洞里的猴子总数。

【输入样例】

1000000000 1000000000

【输出样例】

2000000000

【数据规模】

两个正整数 a 和 b 均小于 10^{200}。

【问题分析】

考虑利用现有的某些标准类型来间接实现数据的输入和存储。通过分析，我们可以发现，在 C++ 语言中能表示多个数的数据类型有两种：数组和字符串。

对数组来说，每个数组元素可以存储数的 1 位(注意此处可优化)，操作数有多少位就需

要定义含义多少个数组元素的数组。在计算中,我们最需要注意的是加法的进位:

$$\begin{array}{r} 1\ 2\ 3\ 4 \\ +\ 5\ 6\ 7\ 8 \\ \hline 6\ 9\ 1\ 2 \end{array}$$

① 运算顺序:两运算数右对齐;从低位向高位运算。

② 运算规则:同一位的两个数相加再加上从低位的进位,成为该位的和;这个和去掉向高位的进位就成为该位的值。

③ 最后一位的进位:如果完成两个数的相加后,进位位值不为 0,则应添加一位。

若用数组 a 和数组 b 代表存储的数字 a 和数字 b,则有:

$$\begin{array}{r} a[max]\cdots a[i]\cdots a[2]\,a[1] \\ +\qquad b[max]\cdots b[i]\cdots b[2]\,b[1] \\ \hline c[max+1]\quad c[max]\cdots c[i]\cdots c[2]\,c[1] \end{array}$$

这里,采用先计算后进位的方法。

```
while(lenc<=len1||lenc<=len2)
{
    c[lenc]=a[lenc]+b[lenc]+x;
    x=c[lenc]/10;
    c[lenc]=c[lenc]%10;
    lenc++;//如果这一位相加大于等于10,就需要进位,即将下一位加1
}
```

【程序设计】

```
#include<bits/stdc++.h>//万能头文件
using namespace std;
int main()
{
    char s1[100],s2[100];
    int a[100],b[100],c[100];//最高可算99位(有进位)
    int len1,len2,len3,i,j,x;//变量声明
    gets(s1);
    gets(s2);//字符数组读入
    len1=strlen(s1);
    len2=strlen(s2);//存储 s1,s2 长度
    for (i=0;i<=len1-1;i++)   a[len1-i]=s1[i]-48;
    for (i=0;i<=len2-1;i++)   b[len2-i]=s2[i]-48;//将字符类型转换为数字类型,并存储进 a,b 数组中
    i=1;//循环变量,将 i 再次利用
    x=0;
    while(i<=len1||i<=len2)//条件为只要其中一个数的位数循环完毕就结束
    {
        c[i]=a[i]+b[i]+x;//将对应位数相加,并将上一位要进位的数加到这一位
```

```
            x=c[i]/10;//计算这一位要进位的数(1 或 0)
            c[i]=c[i]%10;//该位只保留个位数
            i++;//进行下一位运算
        }
        c[i]=x;
        if (c[i]==0) i--;//删除前导 0
        for (j=i;j>=1;j--)   cout<<c[j];//倒序输出
        cout<<endl;
        return 0;
}
```
便可以计算出猴子的总数目。

【例 2】 谁的法力大(a-b)：

孙悟空和哪吒都拥有很高的法力，其中法力可以用具体的数值来表示。现在我们知道孙悟空的法力为 a，哪吒的法力为 b，编程求解孙悟空的法力比哪吒的法力大多少。（两个正整数 a 和 b 均小于 10^{200}）

【输入格式】

输入共一行，分别是孙悟空的法力 a 和哪吒的法力 b。

【输出格式】

输出仅 1 个数值，即孙悟空比哪吒多的法力数值。

【输入样例】

2000000000 1000000000

【输出样例】

1000000000

【问题分析】

减法的输入与存储同"加法运算"是一样的。

减法的计算结果的位数最大等于两数中较大数的位数：

$$\begin{array}{r} 54321 \\ -456 \\ \hline 53865 \end{array}$$

如何判断被减数与减数的大小？（字符串知识）

我们要求 a-b，并利用 s1,s2 来读入 a,b。要确定 a-b 的符号，只需比较 s1 和 s2 的大小。则：

① 若 s1>s2，结果为正数。

② 若 s1=s2，结果为 0。

③ 若 s1<s2，结果为负数。

在程序实现上，要用一个变量来存储符号位'-'，且交换 sa 和 sb，使 s1>s2，以保证 s1-s2>0。当确定差的符号后，只需计算 s1-s2 的值即可。

怎么判断 s1 和 s2 两个数串(字符串)的大小呢？可以从两串长度是否相等的角度考虑。

在短串前补 0，使两串等长后再比较大小。先将两个字符串补成相同的位数(因为字符串的比较是左边对齐的;两个字符串一样长才能真正地比较大小),短的在左边补 0;接着比较大小,直接比较字符串大小。

实际上,高精度减法运算的过程也是模拟手动减法竖式运算的过程。即:

① 大数减小数。判断结果符号是已确定的。

② 借位。在进行减法运算的过程中,当被减数的某位小于减数的对应位时,为了保证够减,要考虑借位的问题。具体程序如下:

```
while (i<=lena)
{
   if (a[i]<b[i])
     {
         a[i]+=10;
         a[i+1]--;
     }
   c[i]=a[i]-b[i];
   i++;
}
```

【程序设计】

```
#include<bits/stdc++.h>//万能头文件
using namespace std;
int main()
{
    int a[100],b[100],c[100],lena,lenb,lenc,i;
    char s[100],s1[100],s2[100];//变量声明
    memset(a,0,sizeof(a));
    memset(b,0,sizeof(b));
    memset(c,0,sizeof(c));//初始化
    gets(s1);
    gets(s2);//读入字符数组
    if (strlen(s1)<strlen(s2)||(strlen(s1)==strlen(s2)&&strcmp(s1,s2)<0))
      {
          strcpy(s,s1);
          strcpy(s1,s2);
          strcpy(s2,s);
          cout<<"-";
      }//通过比较读入的两个字符数组大小,确定是否有负号,如果有将两数调换
    lena=strlen(s1);lenb=strlen(s2);
    for (i=0;i<=lena-1;i++) a[lena-i]=s1[i]-'0';
    for (i=0;i<=lenb-1;i++) b[lenb-i]=s2[i]-'0';//将字符形式转换为数字形式,并存储进 a,b 数组
    i=1;//循环变量
```

```
                while (i<=lena)//如果小的数计算结束,就退出循环
                {
                    if (a[i]<b[i])
                      {
                         a[i]+=10;
                         a[i+1]--;
                      }//如果不够减,就向上一位借1,计为10,并将上一位减1
                    c[i]=a[i]-b[i];//相减
                    i++;//继续循环
                }
                lenc=i;
                for (i=lenc;i>=1;i--)
                    if ((c[i]==0)&&(lenc>1)) lenc--;else break;//删除前导0
                for (i=lenc;i>=1;i--) cout<<c[i];//倒序输出
                cout<<endl;
                return 0;
            }
```

通过这个程序,孙悟空和哪吒比较出了他们法力的大小。

【例3】 孙悟空和小猴子法力升级(高精度乘以单精度):

孙悟空的法力很高为 a,小猴子的法力很低为 b,如果他们的法力合在一起,我们规定:总的升级后的法力就是他们法力相乘,即两个正整数 a,b 的乘积($a<10^{200}$,$b<10^8$)。

【问题分析】

如图 14-1 所示,高精度乘法的进位处理与乘法竖式计算原理相同。

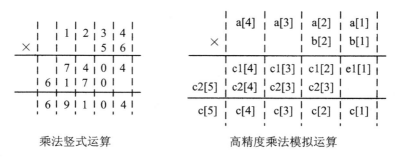

乘法竖式运算　　　　高精度乘法模拟运算

图 14-1

手动模拟乘法竖式的过程如下：
```
for (j=1;j<=lenb;j++)
    {
    c[i+j-1]=a[i]*b[j]+k+c[i+j-1];
    k=c[i+j-1]/10;
    c[i+j-1]%=10;
    }
c[i+lenb]=k;
lenc=lena+lenb;
while (c[lenc]==0&&lenc>1)
lenc--;
for (i=lenc;i>=1;i--)
cout<<c[i];
```

【程序设计】
```
#include<bits/stdc++.h>//万能头文件
using namespace std;
int main()
{
    char s1[100],s2[100];
    int a[100],b[100],c[100];//变量声明
    int lena,lenb,lenc,i,j,k;
    memset(a,0,sizeof(a));
    memset(b,0,sizeof(b));
    memset(c,0,sizeof(c));//初始化
    gets(s1);
    gets(s2);
    lena=strlen(s1);lenb=strlen(s2);//记录读入的字符串位数
    for (i=0;i<=lena-1;i++) a[lena-i]=s1[i]-48;
    for (i=0;i<=lenb-1;i++) b[lenb-i]=s2[i]-48;//将字符形式转换为数字形式,并存储在a,b数组
    for (i=1;i<=lena;i++)
    {
        k=0;
        for (j=1;j<=lenb;j++)//二重循环,仿照手动计算格式
        {
            c[i+j-1]=a[i]*b[j]+k+c[i+j-1];//对应位相乘,并加上上一位计算中所要进位的数
            k=c[i+j-1]/10;//记录本次计算所要进的数
            c[i+j-1]%=10;//只保留个位的数
        }
```

        c[i+lenb]=k;//进位
    }
    lenc=lena+lenb;//lenc 为两数相乘位数最大的值
    while (c[lenc]==0&&lenc>1)
    lenc――;//删除前导 0
    for (i=lenc;i>=1;i――)
    cout<<c[i];//倒序输出
    cout<<endl;
}
最后,孙悟空和小猴子的法力都得到了很高的提升。

练习(上机练习)
1. 高精度运算:除法。
【输入格式】
有两行,位数均不超过 200 位。
【输出格式】
有一行,计算它们的商(第 1 行的数除以第 2 行的数)。
【输入样例】
100000000000000000000000000000000000000(39 位)
2
【输出样例】
50000000000000000000000000000000000000

2. 求 2 的 N 次方：
给定一个正整数 $N(N<100)$,计算 2 的 N 次方。
【输入格式】
有一行,正整数 N。
【输出格式】
有一行,2 的 N 次方。
【输出样例】
10
【输出样例】
1024

3. 阶乘和：
计算 $S,S=1!+2!+3!+...+N!$（$N<31$）
【输入格式】
有一行,正整数 N。
【输出格式】
有一行和 S

【输入样例】
5
【输出样例】
153

4. 表达式求值：

给定一个只包含加法和乘法的算术表达式，请编程计算表达式的值。

【输入格式】

有一行，为需要计算的表达式，表达式中只包含数字、加法运算符"＋"和乘法运算符"＊"，且没有括号，所有参与运算的数字均为 0 到 $2^{31}-1$ 之间的整数。

【输出格式】

有一行，表达式的结果。

【输入样例】

3＋3＊4

【输出样例】

15

5. 二进制整数与 17 之积：

给定一个二进制整数 $n(n<10^{7}_{(10)}{}_{(10)})$，请编程计算这个数乘以 $17_{(10)}$ 后的结果 m（以二进制输出）。

【输入格式】

有一行，二进制整数 n。

【输出格式】

二进制整数 m。

【输入样例】

11

【输出样例】

110011

第 15 章 贪 心 算 法

在现实生活中,我们经常会无意识地做出"贪心"的选择。例如,孙悟空听说蟠桃园中的仙桃非常稀罕,而且只许在蟠桃会上享用。在得知王母娘娘要设蟠桃宴,请了各路神仙,唯独未请他时,孙悟空火冒三丈。于是自个儿偷偷溜进了蟠桃园并专门挑选个大的仙桃,饱餐了一顿,并开怀痛饮。孙悟空选择桃子时总是寻求物美个大的仙桃,在新鲜度一样的情况下,大的仙桃经常被列为首选。

15.1 贪心算法的思想

在众多的计算机解题策略中,贪心算法是最接近人类日常思维的一种解题策略。贪心算法是指从问题的初始状态出发,通过若干次的贪心选择而得出最优解或较优解的一种解题方法。事实上,从"贪心"一词便可以看出,贪心算法总是做出在当前看来是最优的选择,也就是说,贪心算法并不是从整体考虑,它所做出的选择只是在某种意义上的局部最优解,而许多问题自身的特性决定了该题运用贪心算法可以得到最优解或较优解。利用贪心算法解题,需要解决以下两个问题:

① 确定问题是否适合使用贪心算法求解。

贪心算法容易被想到,也容易实现。但是很多问题并不适合应用贪心算法求解。例如:在下面这个问题中,贪心算法找到的结果就不是最优解。

在一个 $n \times m$ 的方格阵中,每个格子赋予一个权值。规定每次移动只能向上或向右。现试找出一条路径,使其从左下角至右上角所经过的权之和最大。如图15-1所示,以 2×3 的矩阵为例,若按贪心算法求解,每次都走权值最大的格子,所得路径为:1,3,4,6;而实际上,还有权值更大的路径:1,2,10,6。用贪心算法解题很方便,但它的适用范围很小。判断一个问题是否适合用贪心算法求解,目前还没有一个通用的方法。在信息学竞赛中,需要凭个人经验来判断何时使用贪心算法。

图 15-1

② 如何选择标准以保证得到问题的最优解。

在选择贪心标准时,要对所选的贪心标准进行验证,不要被表面上看似正确的贪心标准所迷惑。图 15-1 就是一个非常典型的例子。

15.2 贪心算法的应用

【例1】 蟠桃会挑选桃子：

孙悟空在蟠桃园中自个儿开怀痛饮，饱餐了一顿。此时他已待在天宫多日，很想念花果山的猴孙们，所以他准备用乾坤袋带些仙桃给猴孙们品尝。孙悟空看了看剩下的仙桃和剩余仙桃的数量，不仅如此他还记住了每个八仙桌上的剩余仙桃数量。若孙悟空有 m 个猴孙，每人一个，那么孙悟空要耗费多少法力。（桃子越大，耗费的法力越多）

【输入格式】

第1行有两个整数 m 和 n。其中 m 表示要带走的仙桃数量，n 表示八仙桌的个数。

以下 n 行，每行有两个整数，分别表示该八仙桌上仙桃所使用的法力和剩余的仙桃数量。

【输出格式】

仅一个数，表示孙悟空所使用的法力。

【输入样例】

```
10  4
4   3
6   2
8   10
3   6
```

【输出样例】

```
36
```

【数据规模】

$0 < m, n \leqslant 1000$

（可以保证最后的结果在长整型范围内，八仙桌的总存货量不少于 m。）

【问题分析】

这是一个十分简单而又非常实际的问题。首先可以将仙桃按照所使用法力大小由低到高排序，然后从小的开始，直到达到规定的仙桃数量。这道题虽然简单，但它体现了贪心算法最根本的思想。"我们买东西一定买其中最便宜的商品。"这句话毋庸置疑，不过我们应该如何证明这件事情呢？

下面给出一个简单的证明：

假设在过程中，还需要再带走 m 个仙桃，有 s 个选择，仙桃使用的法力分别是 $p[1]$, $p[2]$, …, $p[s]$，其中 $p[1] \leqslant p[2] \leqslant … \leqslant p[s]$。设某一最优决策为选择 $a[1], a[2], …, a[m]$ 号仙桃。

如果其中没有 1 号仙桃，则把 $a[1]$ 号仙桃换成 1 号仙桃，且总法力不会增加。这样就成功地证明了至少有一个最优解是选择 1 号仙桃，于是可以"心安理得"地把 1 号仙桃放入乾坤袋。接着考虑之后的情况。如果能在之后的情况中选择出最小值 x，那么这个 x 一定是本题的答案。所以每次装仙桃时，都有理由把编号最小的作为此次的选择，这就是贪心算法的标准。

通过上述证明,可以得出结论:贪心算法是正确的。因此,本题可以应用贪心算法求解。

【程序设计】

```
#include<iostream>
using namespace std;
#define maxn 1000;
int m,n;
int data[1000][2];//保存每个八仙桌的仙桃使用法力和剩余量
void init()
{
    int t;
    cin>>m>>n;
    for(int i=1;i<=n;i++)
    {
        cin>>data[i][0]>>data[i][1];
    }
    for(int i=1;i<=n-1;i++)//按照仙桃使用的法力排序
    {
        for(int j=i+1;j<=n;j++)
        {
            if(data[i][0]>data[j][0])
            {
                t=data[i][0];
                data[i][0]=data[j][0];
                data[j][0]=t;
                t=data[i][1];
                data[i][1]=data[j][1];
                data[j][1]=t;
            }
        }
    }
}
void main_()
{
    int ans=0;//所使用法力初始化
    int i=1;//从使用最小法力仙桃开始装
    while(m!=0)//若没满足要求数量,则循环装
    {
        if (m<data[i][1])//若第 i 个八仙桌可以满足要求的仙桃数量,则一次装完
        {
```

```
                ans=ans+data[i][0]*m;//更新使用的法力值
                m=0;//完成计划,m清零,退出循环
            }
            else
            {//若第i个八仙桌不够数量,则装入最多的仙桃数,即装入所有剩余的仙桃
                ans=ans+data[i][0]*data[i][1];//更新使用的法力值
                m=m-data[i][1];//更新m
            }
            i++;//尝试下一个八仙桌
        }
        cout<<ans<<endl;
}
int main()
{
    init();
    main_();
}
```

【例2】 阶乘：

一天，孙悟空看到一道有趣的题目：给出一个非负数整数 n，判断 n 是不是一些数（这些数不允许重复使用,且为正数）的阶乘之和，如 9=1!+2!+3!，如果是,则输出 Yes,否则输出 No。

【输入格式】

输入文件 riddle.in,仅一行。

第 1 行有一个整数 m(0<m<100),表示有 m 组测试数据；每组测试数据有一个正整数 n(n<1000000)。

【输出格式】

输出文件 inriddle.out,仅一行。

如果符合条件,输出 Yes,否则输出 No。

【输入样例】

riddle.in

1

1

【输出样例】

inriddle.out

Yes

【例3】 智力大比拼：

孙悟空带上乾坤袋准备回花果山。哪知酒醉迷糊,撞进太上老君的兜率宫,将专供于玉帝服用的金丹吃了个干净回到花果山后,与众猴孙计划大开仙酒会。玉帝和王母十分震怒,

立命李天王带领十万天兵天将,下凡捉拿孙悟空。一场激战开始了,孙悟空与神通广大的二郎神斗了几百回合,不分胜负。最后,因遭到太上老君的暗算,不幸被擒。可是,天神们无论用斧砍、火烧、箭射都损伤不了孙悟空一根毫毛。玉帝又将孙悟空打入太上老君的炼丹炉炼烧。孙悟空并未烧死,他跳出丹炉,打上灵霄宝殿。天兵天将闻风而逃,玉帝也狼狈奔逃。

猴王逃走后,又回到花果山,如愿以偿地办起了仙酒会,猴子们纷纷报名参加仙酒会.吸引了众多参赛者,孙悟空设计了游戏来考验徒孙们的智力。他为了表彰大家的勇气,先奖励每个参赛者 m 个金币。不要太高兴!因为这些金币还不一定都是你的!接下来孙悟空宣布了比赛规则:

首先,比赛时间分为 n 个时段($n \leqslant 500$),他又给出了很多小游戏,每个小游戏都必须在规定时限 t_i 前完成($1 \leqslant t_i \leqslant n$)。如果一个游戏未能在规定时限前完成,则要从奖励费 m 个金币中扣去一部分钱 w_i(w_i 为自然数),不同的游戏扣去的钱是不一样的。当然,每个游戏本身都很简单,保证每个参赛者都能在一个时段内完成,而且都必须从整时段开始。孙悟空只是想考考每个参赛者是如何安排与组织自己做游戏的顺序。作为参赛者,三个猴大臣很想赢得冠军,当然更想赢取最多的钱!注意:比赛绝对不会让参赛者赔钱!

【输入格式】

输入文件 riddle.in,共 4 行。

第 1 行为 m,表示一开始奖励给每位参赛者的金币。

第 2 行为 n,表示有 n 个小游戏。

第 3 行有 n 个数,分别表示游戏 1 到 n 的规定完成时限。

第 4 行有 n 个数,分别表示游戏 1 到 n 未能在规定期限前完成时扣去的金币数。

【输出格式】

输出文件 riddle.out,仅一行。表示三个猴大臣能赢取最多的金币。

【输入样例】

riddle.in

10000

7

4 2 4 3 1 4 6

70 60 50 40 30 20 10

【输出样例】

riddle.out

9950

【问题分析】

不同的小游戏不能准时完成时会扣去不同数量的金币,而且是最优解问题,所以本题很容易想到贪心算法。贪心的主要思想是要让扣款数值大的尽量准时完成。因此先把这些任务按照扣款的数目进行排序,把大的排在前面,先进行放置。假如罚款最多的一个任务的完成期限是 k,则把它安排在哪个时段完成呢?当然应该放在第 k 个时段,因为放在 1~k 任意一个位置,效果都是一样的。一旦出现一个不可能在规定时限前完成的任务,就把其扔到最大的一个空时间段,这样必然是最优的,因为不能完成的任务在任意一个时间段内扣去的金币数目都是一样的。

本题也可以有另外一种贪心算法,即先把所有的数据按照结束时间的先后排序,然后从前向后扫描。当扫描到第 n 个时段时,若发现里面所分配的任务的结束时间等于 n-1,那么就说明在前面这些任务中必须舍弃一个,之后再扫描 1~n 这 n 个时段,去除一个最小的并累加扣款值,然后再去调整排列顺序,让后面的元素填补前面的空缺。

【例 4】 蟠桃会的安排:
孙悟空为了开蟠桃会,想了许多方案。他将蟠桃会安排在了水帘洞的小礼堂。小礼堂每天都有许多活动,有时会发生冲突。为了顺利举行蟠桃会,必须安排好这些冲突的活动。你能帮助他吗?

【输入格式】
输入文件 Pth.in。
第 1 行是一个整型数 m(m<100),表示共有 m 组测试数据。
每组测试数据的第 1 行是一个整数 n(1<n<10000),表示该测试数据共有 n 个活动。
随后的 n 行,每行有两个正整数 B_i,E_i($0<=B_i$,$E_i<10000$),分别表示第 i 个活动的起始时间与结束时间($B_i \leq E_i$)。

【输出格式】
输出文件 Pth.out,共 m 行。
对于每一组的输入,输出最多能够安排的活动数量。
每组的输出占一行。

【输入样例】
pth.in
2
2
1 10
10 11
3
1 10
10 11
11 20

【输出样例】
pth.out
1
2

【例 5】 猴子过桥:
在漆黑的夜里,孙悟空派 N 个小猴子来到了一座狭窄而且没有护栏的桥边。如果不借助火把,猴子无论如何也不敢过桥。每个猴子的速度不一样。不幸的是,N 个猴子一共只带了一个火把,而桥一次只能同时过两个猴子。如果各自单独过桥,N 个猴子所需要的时间已知;如果两个猴子同时过桥,所需要的时间就是走得比较慢的那个猴子单独行动时所需的时间。设计一个方案,让 N 个猴子尽快过桥。

【输入格式】

输入文件 bridge.in。

测试数据的第 1 行是一个整数 $N(1 \leqslant N \leqslant 1000)$，它表示共有 N 个猴子要过河。

测试数据的第 2 行是 N 个整数 $S_i(0 < S_i \leqslant 100)$，表示每个猴子过河所需要花费的时间。

【输出格式】

输出文件 bridge.out。

输出所有猴子都过河需要用的最少时间。

【输入样例】

bridge.in

4

1 2 5 10

【输出样例】

bridge.out

17

【问题分析】

如果 N=1 或 2，所有猴子直接过河即可。

如果 N=3，用时最短的和用时最长的一起过去，然后用时最短的回来，再和剩下的一个猴子过去。

如果 N≥4，设 a[0] 表示用时最短的猴子所用的时间，a[1] 为用时第二短的猴子所用的时间，a[N-1] 表示用时最长的猴子所用的时间，a[N-2] 表示用时第二长的猴子所用的时间。则当 2a[1]+a[0]+a[N-1] > 2a[0]+a[N-1]+a[N-2] 时，先让用时最短的猴子和用时最长的猴子一起过去，然后用时最短的回来，接着让用时最短的和用时第二长的一起过去，再让用时最短的回来。否则，就先让用时最短的和用时第二短的一起过去，然后用时最短的回来，接着让用时最长和用时第二长的一起过去，再让用时第二短的回来。这样就相当于剩下了 N-2 个猴子。

对这 N-2 个猴子执行相同的操作，直到剩下不足 4 个猴子即可。

【程序设计】

```
#include<stdio.h>
#include<algorithm>
using namespace std;
int a[1010];
int main()
{
    int T;
    scanf("%d",&T);
    while(T--)
    {
        int N,i,sum=0;
        scanf("%d",&N);
        for(i=0;i<N;i++)
```

```
            scanf("%d",&a[i]);
            sort(a,a+N);
//方案一：
            while(N>3)
            {//以 4 个猴子为一个单位选出局部最优解，局部的最优得出全局的最优
if((a[1]+a[0]+a[N-1]+a[1]+a[1])<(a[1]+a[0]+a[N-1]+a[0]+a[N-2]))
                sum+=a[1]+a[0]+a[N-1]+a[1];
                else sum+=a[N-1]+a[0]+a[N-2]+a[0];
                N=N-2;
            }
            if(N==1)
            sum+=a[0];
            else if(N==2)
            sum+=a[1];
            else if(N==3)
            sum+=a[1]+a[0]+a[2];
            printf("%d\n",sum);
        }
    return 0;
}


while(N>=4)
{
    if((a[1]*2+a[N-1]+a[0])>(2*a[0]+a[N-1]+a[N-2]))
    {//求出用时最长的两个猴子过桥所用的最短时间
        sum +=a[N-1];//用时最短的和用时最长的一起过去
        sum +=a[0];//用时最短的回来
        sum +=a[N-2];//用时最短的和用时第二长的一起过去
        sum +=a[0];//用时最短的回来
    }
    else
    {
        sum +=a[1];//用时最短的和第二短的一起过去
        sum +=a[0];//用时最短的回来
        sum +=a[N-1];//用时最长的和第二长的一起过去
        sum +=a[1];//用时第二短的回来
    }
    N -=2;
}
```

练习

1. 在长度为 L 的独木桥上有 n 个士兵,他们只可以朝着一个方向行走,当两个士兵碰面时,同时转变方向继续行走,当走到 0 或 $L+1$ 时就算过了独木桥。若不知道每个士兵的初始方向,求使所有士兵都过独木桥的最长和最短时间。

2. 给定的一个只有 1,2,3 组成的数字序列,求出排成升序所需的最少交换次数。(序列长度 $\leqslant 1000$)

3. 元旦时期,校方给学生发放纪念品。现在要把购来的纪念品根据价格进行分组,但每组最多只能包括两件纪念品,并且每组纪念品的价格之和不能超过一个给定的整数。为了保证在尽量短的时间内发完所有纪念品,希望分组的数目最少,求出所有分组方案中分组数最少的一种。

4. 一个正整数一般可以分为几个互不相同的自然数的和,如 $3=1+2,6=2+4=1+5$。现在请将指定的正整数 n 分解成若干个互不相同的自然数的和,且使这些自然数的乘积最大。

第 16 章 背 包 问 题

我们经常会遇到这样一种问题:有一些有体积、有价值的物品,要在其中选择一些放进一个背包,使得装进背包里的物品的价值总和尽量大。比如天庭装箱大赛,玉帝要求参与者选择一些物品把箱子尽可能装满。孙悟空很快就知道了解法,聪明的你知道吗?

16.1 背包问题的定义

背包问题,就是把一些有体积、有价值的物品选择一些装进一个背包里面,使得背包里的物品的总价值尽量大。

最常见的背包问题有:0/1 背包、完全背包、多重背包、分组背包等。

16.2 背包问题算法的思想

一般地,背包问题会把状态设为"前 i 个物品、总体积为 j 的最大价值"。然后枚举物品 i 和体积 j,考虑选这个物品还是不选这个物品,选这个物品可以得到的价值是多少,不选这个物品可以得到的价值又是多少。

16.3 0/1 背包问题

背包我们知道是什么问题了,那么 0/1 背包是什么呢? 简单地解释就是每个物品最多只能选一次的背包问题,其中 0 代表不选,1 代表选。

理解 0/1 背包问题后,我们可以继续分析:首先,我们选择物品的方案与其他方案相比,在总体积相等的时候,总价值一定是最大的。其次,如果一定要选一个物品,选它后的方案一定是基于之前一个不选它的最优方案。所以,设 $f[i][j]$ 为前 i 个物品、体积为 j 的最大价值,$w[i]$ 为第 i 个物品的体积,$c[i]$ 为第 i 个物品的价值。则:

$$f[i][j]=\max(f[i-1][j],f[i-1][j-w[i]]+c[i]);$$

在这个状态转移方程中,取 max 的两项分别对应选第 i 个物品和不选第 i 个物品。

16.4　完全背包问题

完全背包问题又是什么呢？该怎么解决呢？

完全背包问题，就是一个物品可以选任意多次的背包问题。任意多次显然不好处理，那么怎样才能把它转化成容易处理的问题呢？

首先，若背包的体积是 V，物品的体积是 w[i]，则它最多会被选 floor(V/w[i]) 次。如果再选，背包就装不下了。所以我们可以在 0/1 背包问题解法的基础上进行修改：

设 f[i][j] 为前 i 个物品、体积为 j 的最大价值，w[i] 为第 i 个物品的体积，c[i] 为第 i 个物品的价值。则：

f[i][j]=max(f[i−1][j],f[i−1][j−k∗w[i]]+k∗c[i]);{0<=k<floor(j/w[i])}

其中 k 为选第 i 个物品的数量，需要枚举。

16.5　多重背包问题

解决了 0/1 背包和完全背包问题，下面我们就来看看多重背包问题。

多重背包问题，就是一个物品选的次数有上限的背包问题。

回顾一下完全背包问题，我们枚举一个物品的数量时，是不是也有上限呢？当然有，上限就是 floor(j/w[i])。

现在照葫芦画瓢，假如已经给定上限，我们不就可以直接进行求解了吗？

设 f[i][j] 为前 i 个物品、体积为 j 的最大价值，w[i] 为第 i 个物品的体积，c[i] 为第 i 个物品的价值，u[i] 为第 i 个物品最多能选多少个。则：

f[i][j]=max(f[i−1][j],f[i−1][j−k∗w[i]]+k∗c[i]);{0<=k<=u[i]}

16.6　分组背包问题

分组背包问题，就是把物品分成几组，每组只能选择一个物品的背包问题。对于分组背包问题，我们可以变换一下思路：首先考虑枚举组，再枚举物品，最后枚举体积。

设 f[i][j] 为前 i 组物品、总体积之和为 j 时的最大价值，w[k] 为第 i 组的第 k 个物品的体积，c[k] 为第 i 组的第 k 个物品的价值。则：

f[i][j]=max(f[i−1][j],f[i−1][j−w[k]]+c[k]);

16.7 背包问题的优化

在求解问题时,如果直接按照上述的方法有时会出现各种各样的问题(如超时、超内存等),所以我们首先需要优化时间和空间。该怎么做呢?

优化空间的第一种方法,叫做滚动数组,在很多动态规化(DP)题目里都能应用到。

什么是滚动数组?我们先来看看0/1背包问题中的状态转移方程:

$$f[i][j]=\max(f[i-1][j],f[i-1][j-w[i]]+c[i]);$$

它表示对于每一个i进行状态转移时,f数组的第一维只会用到i和i-1,而i-2,i-3等都不会被用到。所以我们可以考虑将第一维滚掉。

滚动的方法可以使用位运算,如$f[i][j]$,$f[i-1][j]$把第一维滚掉后变成$f[i\&1][j]$和$f[(i-1)\&1][j]$。这种优化空间的方法对于上述所有的背包问题都适用。

还有一种优化空间的方法。对于刚刚那个状态转移方程,我们能不能把第一维直接去掉,变成$f[j]=\max(f[j],f[j-w[i]]+c[i])$呢?如果j是正序循环,第i个物品就有可能被计算多次,这样不就成了完全背包问题了吗?同时也优化了时间。如果把第一维去掉,我们得到这个状态转移方程里的$f[j-w[i]]$,这说明了什么?说明一个体积为j的状态只依赖于体积小于j的状态。所以可以倒序循环,这样就成了0/1背包问题。这种方法虽然巧妙,但是并不是每种动态规化问题都能这样做。

下面来看看时间方面的优化。

完全背包在优化空间的同时也优化了时间,但0/1背包和分组背包却没有什么优化方法。那现在能优化的就是多重背包了。这里只介绍log复杂度的优化,单调队列的优化方法暂不介绍。

设某个物品最多只能用k次,m为最大的$2^m<k$。现把k个物品合并成$m+1$个物品。具体的合并方法为:当$1\leq i\leq m$时,第i个物品为原来的2^{i-1}个物品。第$m+1$个物品则是原来的$k-2^m+1$个物品。接下来用这k个物品做0/1背包。可以证明,这种方法的时间复杂度是$O(n_m \log k)$(k为物品选的次数上限)。

【例1】 装箱问题:

天庭举行装箱大赛,符合要求的且最快解出题目的人将被奖励太上老君的一颗仙丹。现给出n个物品和一个容量为$V(0\leq V\leq 20000)$的箱子,要求从$n(0<n\leq 30)$个物品中任取若干个装入箱内,使箱子的剩余空间最小。

【输入格式】

第1行一个整数,表示箱子容量。

第2行一个整数,表示有n个物品。

接下来n行,分别表示这n个物品的各自体积。

【输出格式】

一个整数,表示箱子剩余空间。

【输入样例】
24
6
8
3
12
7
9
7

【输出样例】
0

【问题分析】
容易看出来,这是一个 0/1 背包问题。

首先设计状态,设 f[j]表示总体积为 j 时有没有方案,有则为 1,没有则为 0。

和普通 0/1 背包问题的思路相似,枚举一个物品 i 和一个体积 j,如果有一个体积为 j 的方案,要么是之前就有了体积为 j 的方案,要么就是之前有一个体积为(j−w[i])的方案,新加了第 i 个物品后才有的体积为 j 的方案。所以状态转移方程是:

f[j]=f[j] or f[j−w[i]]

边界条件:f[0]=1,表示一个物品都没选,是体积为 0 的方案。

【程序设计】
```
#include<bits/stdc++.h>
using namespace std;
int f[20010],w[40],n,V;
int main()
{
    cin>> V>> n;
    for(int i=1;i<=n;i++) cin>>w[i];//读入
    f[0]=1;//DP 边界条件
    //开始 DP
    for(int i=1;i<=n;i++)
      for(int j=V;j>=w[i];j--)
        f[j] |=f[j−w[i]];//状态转移方程
    //结束 DP
    for(int j=V;j>=0;j--)//找到能装成的最大的体积,就能让剩余空间最小
      if(f[j])
      {
        cout<<V−j<<endl;
        return 0;
      }
    return 0;
}
```

【例 2】 混合背包问题：

天庭装箱大赛的第二道题是，给出 N 种物品和一个容量是 V 的箱子。物品一共有三类：第一类物品只能用 1 次（0/1 背包）；第二类物品可以用无限次（完全背包）；第三类物品最多只能用 S_i 次（多重背包）；每种体积是 V_i，价值是 W_i。求解将哪些物品装入箱子，可使物品体积总和不超过箱子容量，且价值总和最大。输出最大价值。（$0<N,V\leq 10000;0<V_i,W_i\leq 1000;-1\leq S_i\leq 1000$）

【输入格式】

第 1 行两个整数 N 和 V，用空格隔开，分别表示物品种数和箱子容积。接下来有 N 行，每行三个整数 V_i,W_i,S_i，用空格隔开，分别表示第 i 种物品的体积、价值和数量。

$S_i=-1$，表示第 i 种物品只能用 1 次；

$S_i=0$，表示第 i 种物品可以用无限次；

$S_i>0$，表示第 i 种物品可以使用 S_i 次。

【输出格式】

一个整数，表示最大价值。

【输入样例】

4 5
1 2 -1
2 4 1
3 4 0
4 5 2

【输出样例】

8

【算法分析】

"三合一"(0/1 背包、完全背包、多重背包)问题。对于三种背包问题，第一步都是枚举物品，然后对于每种 S_i，分类讨论用哪种背包的方法去求解。具体分析见 16.3、16.4、16.5 节的内容。

【程序设计】

```cpp
#include<bits/stdc++.h>
using namespace std;
int N,V,s[1010],f[1010],w[1010],v[1010];
int main()
{
    cin>>N>>V;
    for(int i=1;i<=N;i++) cin>> v[i]>> w[i]>> s[i];// 读入
    for(int i=1;i<=N;i++)
    {//枚举物品
        if(s[i]==-1||s[i]==1)
        {
            for(int j=V;j>=v[i];j--) f[j]=max(f[j],f[j-v[i]]+w[i]);//做 0/1 背包
```

```
            }else if(s[i]==0)
              {
                 for(int j=v[i];j<=V;j++) f[j]=max(f[j],f[j-v[i]]+w[i]);//做
完全背包
              }else{//做多重背包,这里使用 log 复杂度的优化
                 int k;
                 for(k=1;(1<<k)<s[i];k++){//找到最小的 k 使得 2^k<s[i]
                   for(int j=V;j>=(1<<k-1)*v[i];j--)//把 2^(k-1)个物品并到
一起做 0/1 背包
                     f[j]=max(f[j],f[j-(1<<k-1)*v[i]]+(1<<k-1)*w[i]);
                 }
                 k--;// 剩下的物品
                 for(int j=V;j>=(s[i]-(1<<k)+1)*v[i];j--)//剩下的物品并
到一起做 0/1 背包
                   f[j]=max(f[j],f[j-(s[i]-(1<<k)+1)*v[i]]+(s[i]-(1<<k)+
1)*w[i]);
              }
           }
       cout<<f[V]<<endl;//输出答案
       return 0;
    }
```

【例3】 分组背包问题:

天庭装箱大赛的第三道题是,给出 N 组物品和一个容量是 V 的箱子。每组物品有若干个,同一组内的物品最多只能选一个。每件物品的体积是 V_{ij},价值是 W_{ij},其中 i 是组号,j 是组内编号。求解将哪些物品装入箱子,可使物品总体积不超过箱子容量,且总价值最大。输出最大价值。($0<N,V\leqslant1000;0<S_i\leqslant1000;0<V_{ij},W_{ij}\leqslant100$)

【输入格式】

第 1 行有两个整数 N,V,用空格隔开,分别表示物品组数和背包容量。接下来有 N 组数据:每组数据第一行有一个整数 S_i,表示第 i 个物品组的物品数量;每组数据接下来有 S_i 行,每行有两个整数 V_{ij},W_{ij},用空格隔开,分别表示第 i 个物品组的第 j 个物品的体积和价值。

【输出格式】

一个整数,表示最大价值。

【输入样例】

3 5
2
1 2
2 4
1

3 4
1
4 5
【输出样例】
8
【算法分析】
本题是分组背包的模板题。先枚举组,再枚举物品,最后枚举体积。

设 $f[i][j]$ 为前 i 组物品、总体积之和为 j 时的最大价值,$w[k]$ 为第 i 组的第 k 个物品的体积,$c[k]$ 为第 i 组的第 k 个物品的价值。则:

$f[i][j]=\max(f[i-1][j],f[i-1][j-w[k]]+c[k]);$

这里我们使用滚动数组优化空间,具体实现如下。

【程序设计】
```cpp
#include<bits/stdc++.h>
using namespace std;
int N,V,f[2][110],s[110];
struct item_
    {
        int w,v;
    };//结构体,存储物品
vector<item_>a[110];//每组用 vector 存储物品,节省空间
int main()
    {
        cin>> N>> V;
        for(int i=1;i<=N;i++)
            {
                cin>>s[i];
                a[i].resize(s[i]+10);
                for(int j=1;j<=s[i];j++)cin>>a[i][j].v>>a[i][j].w;
            }//读入
        for(int i=1;i<=N;i++)
            {//枚举分组
                for(int j=0;j<=V;j++) f[i&1][j]=f[(i-1)&1][j];//继承前 i-1 组的最优结果
                for(int j=1;j<=s[i];j++)
                    {//枚举物品
                        for(int k=a[i][j].v;k<=V;k++)
                            {//枚举体积
                                f[i&1][k]=max(f[i&1][k],f[(i-1)&1][k-a[i][j].v]+a[i][j].w);
                                //要么不选这个物品,要么在前 i-1 组的基础上选择这个物品
                            }
                    }
            }
```

```
        cout<<f[N&1][V]<<endl;//输出最后结果
        return 0;
}
```

练习

1. 开心的金明：

金明今天很开心,家里购置的新房就要交钥匙了,新房里有一间自己专用的很宽敞的房间。更让他高兴的是,妈妈昨天对他说:"你的房间需要购买哪些物品,怎么布置,你说了算,只要不超过 N 元就行"。今天一早金明就开始做预算,但是他想买的东西太多了,肯定会超过妈妈限定的 N 元。于是,他把每件物品规定了一个重要度,分为 5 级:用整数 1~5 表示,第 5 级最重要。他还从因特网上查到了每件物品的价格(都是整数元)。金明希望在不超过 N 元(可以等于 N 元)的前提下,使每件物品的价格与重要度的乘积的总和最大。请你帮助金明设计一个满足要求的购物单。

【问题分析】

设第 j 件物品的价格为 v[j],重要度为 w[j],共选中了 k 件物品,编号依次为 j1,j2,…,jk,则所求的总和为:v[j1]×w[j1]+v[j2]×w[j2]+…+v[jk]×w[jk]。

【输入格式】

第 1 行为两个正整数 N 和 m,用空格隔开。其中 N(N<30000)表示总钱数,m(m<25)为希望购买物品的个数。

从第 2 行到第 m+1 行,第 j 行给出编号为 j−1 物品的基本数据,每行有两个非负整数 v,p,其中 v 表示该物品的价格 (v≤10000),p 表示该物品的重要度(1~5)。

【输出格式】

一个正整数,为不超过总钱数的物品的价格与重要度乘积的总和的最大值(<100000000)。

【输入样例】

1000 5
800 2
400 5
300 5
400 3
200 2

【输入样例】

3900

2. 货币系统：

在网友的国度中共有 n 种不同面额的货币,第 i 种货币的面额为 a[i],假设每种货币都有无穷多张。为了方便,我们把货币种数为 n、面额数组为 a[1..n] 的货币系统记作 (n,a)。

在一个完善的货币系统中,每个非负整数的金额 x 都应该可以被表示出来,即对于每个非负整数 x,都存在 n 个非负整数 t[i] 满足 a[i]×t[i] 的和为 x。然而,在网友的国度中,货币系统可能是不完善的,即可能存在金额 x 不能用该货币系统表示的情况。例如在货币系

统 $n=3, a=[2,5,9]$ 中,金额 1,3 就无法被表示出来。

两个货币系统 (n,a) 和 (m,b) 是等价的,当且仅当对于任意非负整数 x,要么均可以用两个货币系统表示,要么不能用其中任何一个表示。

现在网友们打算简化一下货币系统。他们希望找到一个货币系统 (m,b),满足 (m,b) 与原来的货币系统 (n,a) 等价,且 m 尽可能小。他们希望你来协助完成这个艰巨的任务:找到最小的 m。

【输入格式】

输入文件的第 1 行包含一个整数 T,表示数据的组数。

接下来按照如下格式分别给出 T 组数据:每组数据的第 1 行包含一个正整数 n,第 2 行包含 n 个由空格隔开的正整数 a[i]。

对于 100% 的数据,满足 $1 \leqslant T \leqslant 20, 1 \leqslant a[i] \leqslant 25000, n \leqslant 100$。

【输出格式】

共有 T 行。对于每组数据,输出一行(一个正整数),表示所有与 (n,a) 等价的货币系统 (m,b) 中最小的 m。

【输入样例】

2
4
3 19 10 6
5
11 29 13 19 17

【输出样例】

2
5

3. 金明的预算方案:

金明今天很开心,家里购置的新房就要交钥匙了,新房里有一间自己专用的很宽敞的房间。更让他高兴的是,妈妈昨天对他说:"你的房间需要购买哪些物品,怎么布置,你说了算,只要不超过 N 元钱就行"。今天一早,金明就开始做预算了,他把想买的物品分为两类:主件与附件,附件是从于某个主件的,表 16-1 是一些主件与附件的例子。

表 16-1

主件	附件
电脑	打印机,扫描仪
书柜	图书
书桌	台灯,文具
工作椅	无

如果要买归类为附件的物品,必须先买该附件所属的主件。每个主件可以有 0 个、1 个或 2 个附件。附件不再有从属于自己的附件。金明想买的东西很多,肯定会超过妈妈限定的 N 元。于是,他把每件物品规定了一个重要度,分为 5 级:用整数 1~5 表示,第 5 级最重要。他还从因特网上查到了每件物品的价格(都是 10 元的整数倍)。他希望在不超过 N 元

(可以等于 N 元)的前提下,使每件物品的价格与重要度的乘积的总和最大。请你帮助金明设计一个满足要求的购物单。

【问题分析】

设第 j 件物品的价格为 v[j],重要度为 w[j],共选中了 k 件物品,编号依次为 j1,j2,…,jk,则所求的总和为:v[j1]×w[j1]+v[j2]×w[j2]+…+v[jk]×w[jk]。

【输入格式】

第 1 行为两个正整数 N 和 m,用空格隔开。其中 N(N<32000)表示总钱数,m(m<60)为希望购买物品的个数。

从第 2 行到第 m+1 行,第 j 行给出编号为 j-1 的物品的基本数据,每行有 3 个非负整数 v,p,q,其中 v 表示该物品的价格(v<10000),p 表示该物品的重要度(1~5),q 表示该物品是主件还是附件。如果 q=0,表示该物品为主件,如果 q>0,表示该物品为附件,q 是所属主件的编号。

【输出格式】

一个正整数,为不超过总钱数的物品的价格与重要度乘积的总和的最大值(<200000)。

【输入样例】

1000 5
800 2 0
400 5 1
300 5 1
400 3 0
500 2 0

【输出样例】

2200

4. 纪念品:

小伟突然获得一种超能力,他知道未来 T 天 N 种纪念品每天的价格。某个纪念品的价格是指购买一个该纪念品所需的金币数量,以及卖出一个该纪念品换回的金币数量。每天,小伟可以无限次地进行以下两种交易:

① 任选一个纪念品,若手上有足够金币,以当日价格购买该纪念品;

② 卖出持有的任意一个纪念品,以当日价格换回金币。

每天卖出纪念品换回的金币可以立即用于购买纪念品,当日购买的纪念品也可以当日卖出换回金币。当然,一直持有纪念品也是可以的。T 天之后,小伟的超能力消失。因此他一定会在第 T 天卖出所有纪念品换回金币。

小伟现在有 M 枚金币,他想要在超能力消失后拥有尽可能多的金币。清理帮助小伟实现他的愿望。

【输入格式】

第 1 行包含 3 个正整数 T,N,M,相邻两数之间以一个空格分隔,分别代表未来天数(T)、纪念品数量(N)及小伟现在拥有的金币数量(M)。接下来的 T 行,每行包含 N 个正整数,相邻两数之间以一个空格分隔。第 i 行的 N 个正整数分别为 $P_{i,1}, P_{i,2}, \cdots, P_{i,N}$,其中 $P_{i,j}$ 表示第 i 天第 j 种纪念品的价格。

对于 100% 的数据，$T \leq 100$，$N \leq 100$，$M \leq 10^3$，所有价格 $1 \leq P_{i,j} \leq 10^4$，数据保证任意时刻，小明手上的金币数不可能超过 10^4。

【输出格式】

仅一行，包含一个正整数，表示小伟在超能力消失后最多能拥有的金币数量。

【输入样例 1】

16 1 100
50
20
25
20
25
50

【输出样例 1】

305

【输入样例 2】

3 3 100
10 20 15
15 17 13
15 25 16

【输出样例 2】

217

第 17 章　动态规划进阶——线性、区间 DP

在第 16 章中,我们初步了解了动态规划中的背包问题。在本章中,我们将选讲几道经典的动态规划问题。但是由于动态规划仅仅是一种解决问题的思想,具体的实现会根据题目的变化而变化,所以想要只是通过看书和做几道题来掌握动态规划是不太可能的,需要多多做题进行锻炼与巩固。

动态规划可划分成很多类型:线性 DP、区间 DP、树形 DP、状压 DP……本章主要介绍线性 DP 和区间 DP。

【例 1】 合唱队形:

最近花果山要举行一年一度的合唱大赛,N 个猴子站成一排,孙悟空要让其中的 $N-K$ 个猴子出列,使得剩下的 K 个猴子排成合唱队形。

合唱队形是指这样的一种队形:设 K 个猴子从左到右依次编号为 $1,2,\cdots,K$,他们的身高分别为 $T_1,T_2,\cdots,T_K$,且 $T_1<\cdots<T_i>T_i+1>\cdots>T_K(1\leqslant i\leqslant K)$。

孙悟空想知道如果已知所有 N 个猴子的身高,如何计算最少需要几个猴子出列,可以使得剩下的猴子排成合唱队形。

【输入样例】

8

186 186 150 200 160 130 197 220

【输出样例】

4

【数据规模】

对于 50% 的数据,保证有 n≤20;

对于全部的数据,保证有 n≤100。

【问题分析】

出列猴子数最少,也就是说留的猴子最多,即序列最长。这样分析就是典型的最长下降子序列问题。只要枚举每个猴子站中间时可以得到的最优解即可。显然它等于包括中间者在内向左求最长上升序列,向右求最长下降子序列。

下面计算复杂度:

计算最长下降子序列的复杂度是 $O(n^2)$,一共求 n 次,总复杂度是 $O(n^3)$。这样的复杂度对本题的数据范围来说是可以的。但有没有更好的方法呢?

其实最长子序列只要一次就可以了。因为最长下降(上升)子序列不受中间者的影响。只要用 opt1 求一次最长上升子序列,opt2 求一次最长下降子序列。这样答案就是 n−max(opt1[i]+opt2[i]−1).

复杂度由 $O(n^3)$ 降到了 $O(n^2)$。

【程序设计】

```cpp
#include<iostream>
#include<cstdio>
#include<algorithm>
#include<cstring>
using namespace std;
int n,k;
int a[101];
int f[101];
int dp[101];
int main()
{
    memset(f,0,sizeof(f));
    memset(dp,0,sizeof(dp));
    cin>>n;
    for(int i=1;i<=n;i++)
    {
        cin>>a[i];
    }
    for(int i=1;i<=n;i++)
    {
        f[i]=1;//初始化为1,就是自己
        for(int j=1;j<=i-1;j++)
        {
            if(a[i]>a[j])//满足大小关系
            {
                f[i]=max(f[i],f[j]+1);//更新最大值
            }
        }
    }
    dp[n]=1;
    for(int i=n-1;i>=1;i--)
    {
        dp[i]=1;//初始化为1,就是自己
        for(int j=n;j>=i+1;j--)
        {
            if(a[i]>a[j])//满足大小关系
            {
                dp[i]=max(dp[i],dp[j]+1);//更新最大值
            }
```

```
                }
        }
        int ans=0;
        for(int i=1;i<=n;i++)//枚举最高的那个猴子
        {
                if(dp[i]+f[i]-1>ans) ans=dp[i]+f[i]-1;//用左边的最大值加右边的最
大值更新答案
        }
        cout<<n-ans;//ans 是最多保留多少个猴子,而题目要求最少出列多少个猴子,
所以用 n-ans
        return 0;
}
```

【例 2】 数塔问题：

来自西方的智者在天庭的大门前摆了一个数字金字塔。

二郎神看了后想写一个程序来计算从最高点开始在底部任意处结束的路径经过的数字和的最大值。每一步可以走到左下方的点,也可以到达右下方的点。

例如在下面的样例中,从 7→3→8→7→5 的路径产生了最大和:30。

```
        7
       3 8
      8 1 0
     2 7 4 4
    4 5 2 6 5
```

【输入格式】

第 1 行一个正整数(1~1000),表示行的数目。

后面每行为这个数字金字塔特定行包含的整数。

所有的整数是非负的且不大于 100。

【输出格式】

单独的一行,为可能得到的最大的和。

【输入样例】

5
7
3 8
8 1 0
2 7 4 4
4 5 2 6 5

【输出样例】

30

【问题分析】

本题是动态规划的经典问题,因为它的状态决策十分明显。

乍一看到会感觉无从下手,怎么储存、描述这个金字塔都是问题。但是通过给出的样例发现:数字金字塔可以变成像样例那样的下三角,这样我们就可以用一个二维数组 a 储存它,并且用(i,j)描述一个数字在金字塔中的位置。

对中间的一个点来说,想经过它则必须经过它的正上方或左上方(针对变化后的三角形)。也就是说,经过这个点的数字和最大等于经过正上方或左上方所得的"最大和"中的更大者加上这个点中的数字。显然这个定义满足最优子结构。

这个阶段很明显就是金字塔的层,设计一个二维状态 opt[i,j]表示走到第 i 行第 j 列时经过的数字的最大和。决策就是 opt[i-1][j] 或 opt[i-1][j-1]中的更大者加上(i,j)点的数字即可。

对于一个点只需考虑正上方或左上方即前一阶段,满足无后效性。

状态转移方程为:

opt[i-1][j]+a[i][j];(j=1)

opt[i][j]＝opt[i-1][j-1]＋ a[i][j];(j=i)

max{opt[i-1][j],opt[i-1][j-1]}＋ a[i][j];(1<j<i)

实现时,可以将 opt[i][j]的左右边界定义的大些,初始值设为 opt[i][j]=0。由于在 j=1 时,opt[i-1][j-1]=0,opt[i-1][j]>=0,所以方程也可以写为:

opt[i][j]=max{opt[i-1][j],opt[i-1][j-1]}+a[i][j];

同理,j=i 时,方程也可以写成上式,所以方程综合为:

opt[i][j]=max{opt[i-1][j],opt[i-1][j-1]}+a[i][j] (0<j≤i)

显然,答案是走到底后的一个最大值,即

ans=max{opt[n][i]};(1<=i≤n)

其实从上往下走和从下往上走结果是一样的,但是如果从下往上走结果则是在 opt[1][1] 下求最大值,所以方程为:

opt[i][j]=max{opt[i+1][j],opt[i+1][j+1]}+a[i][j];(0<j≤i)

复杂度为:

状态数 $O(n^2)$ * 转移代价 $O(1)$＝$O(n^2)$。

【程序设计】

```cpp
#include<cstdio>
#include<iostream>
using namespace std;
long long n,i,j,a[1001][1001];
int main()
{
    cin>>n;
    for(i=1;i<=n;i++)
      for(j=1;j<=i;j++)
        cin>>a[i][j];
    for(i=n-1;i>=1;i--)//倒推
      for(j=1;j<=i;j++)
        {
```

```
            if(a[i+1][j]>=a[i+1][j+1]) //比较是从左边走大还是右边走大
                a[i][j]=a[i][j]+a[i+1][j];//左边走大
            else
                a[i][j]=a[i][j]+a[i+1][j+1];//右边走大
        }
    cout<<a[1][1];
    return 0;
}
```

【例3】 拦截导弹:

某国为了防御敌国的导弹袭击,制造了一种导弹拦截系统。但是这种导弹拦截系统有一个缺陷:虽然它的第一发炮弹能够到达任意高度,但是以后的每发炮弹都不能高于前一发的高度。某天,雷达捕捉到敌国的导弹来袭。由于该系统还在试用阶段,所以只有一套系统,因此有可能不能拦截所有导弹。

输入导弹依次飞来的高度(雷达给出的高度数据是不大于 50000 的正整数),计算这套系统最多能拦截多少导弹,如果要拦截所有导弹,最少要配备多少套导弹拦截系统。

【输入格式】

仅一行,若干个整数,为导弹依次飞来的高度。

【输出格式】

共二行,每行一个整数。第一行的数字表示这套系统最多能拦截多少导弹,第二行的数字表示如果要拦截所有导弹最少要配备多少套导弹拦截系统。

【输入样例】

389 207 155 300 299 170 158 65

【输出样例】

8
6

【程序设计】

```
#include<iostream>
#include<cstdio>
#include<cstring>
using namespace std;
int a[10000],b[10000],c[10000];
int n,i,j,Max,Min;
int main()
{
    n=0;
    while(!cin.eof())//读入数据
    {
        n++;
        cin>>a[n];
```

```
    }
    memset(b,0,sizeof(b));
    memset(c,0,sizeof(c));
    b[1]=1;
    c[1]=1;
    for (int i=2;i<=n;i++)
    {
        Max=0;
        Min=0;
        for (int j=1;j<=i-1;j++)
            {
                if (a[j]>=a[i]&&b[j]>Max) Max=b[j];//求最长不上升子序列
                if (a[j]<a[i]&&c[j]>Min) Min=c[j];//求最长上升子序列
            }
            b[i]=Max+1;
            c[i]=Min+1;
    }
    Max=0;//分别找出两个的最大值
    Min=0;
    for (int i=1;i<=n;i++)
        if (b[i]>Max) Max=b[i];
    for (int i=1;i<=n;i++)
        if (c[i]>Min) Min=c[i];
    cout<<Max<<endl;
    cout<<Min<<endl;
}
```

练习

1. 最长公共子序列：

太上老君给孙悟空出了一道题：一个给定序列的子序列是在该序列中删去若干元素后得到的序列。确切地说，若给定序列 $X=<x_1,x_2,\cdots,x_m>$，则另一序列 $Z=<z_1,z_2,\cdots,z_k>$ 是 X 的子序列，即存在一个严格递增的下标序列 $<i_1,i_2,\cdots,i_k>$，使得对于所有 $j=1,2,\cdots,k$ 有 $X_{ij}=Z_j$。例如，序列 Z 是序列 X 的子序列，则相应的递增下标序列为：$<2,3,5,7>$。若给定两个序列 X 和 Y，当另一序列 Z 既是 X 的子序列又是 Y 的子序列时，称 Z 是序列 X 和 Y 的公共子序列。例如，若 $X=<A,B,C,B,D,A,B>$，$Y=<B,D,C,A,B,A>$，则序列 Z 分别是 X 和 Y 的一个子序列，也是 X 和 Y 的一个公共子序列。而且后者是 X 和 Y 的一个最长公共子序列，因为 X 和 Y 没有长度大于 4 的公共子序列。现给定两个序列 $X=<x_1,x_2,\cdots,x_m>$，$Y=<y_1,y_2,\cdots,y_n>$，要求找出 X 和 Y 的一个最长公共子序列。孙悟空怎么都做不出来，聪明的你能帮助他吗？

【输入格式】

共两行,每行为一个由大写字母构成的长度不超过 200 的字符串,表示序列 X 和 Y。

【输出格式】

第 1 行为一个非负整数,表示所求得的最长公共子序列的长度,若不存在公共子序列,则输出仅有一行,输出一个整数 0;否则,在第 2 行输出所求得的最长公共子序列(也用一个大写字母组成的字符串表示)。

【输入样例】

ABCBDAB
BDCBA

【输出样例】

4
BCBA

【问题分析】

初看本题可能会没有什么头绪,因为它不像前面讲的题目有很明显的上一步和上一层,只有两个字符串而且互相没什么关联。但仔细分析会发现还是有入手点的。

首先,考虑怎么划分子问题。对于前面讲到的涉及走向的街道问题和数塔问题,考虑子问题时一般是想上一步是什么。但本题没有涉及走向,也没有所谓的上一步,该怎么办呢?但是既然是求公共子序列,也就有第一个序列的第 i 个字符和第二个序列的第 j 个字符相等的情况。那么我们枚举第一个序列(X)的字符和第二个序列(Y)的字符。如果 X[i]=Y[j],则起点是 1(下面说的子序列都是起点为 1 的)、长度为 i 的子序列和长度为 j 的子序列的最长公共子序列,就是长度为 i−1 和长度为 j−1 的子序列中最长的公共子序列加上 X[i]或 Y[j]。如果不相等呢?

若不相等,第一个序列中长度为 i 的子序列和第二个序列中长度为 j 的子序列的公共子序列中的 X[i] 和 Y[j] 不同时出现。也就是说,第一个序列中长度为 i 的子序列和第二个序列中长度为 j 的子序列的公共子序列,是第一个序列中长度为 i 的子序列和第二个序列中长度为 j−1 的子序列,或第一个序列中长度为 i−1 的子序列和第二个序列中长度为 j 的子序列的公共子序列中更长的那个。

设计一个状态 opt[i,j],表示起点为 1、第一序列长度为 i、第二序列长度为 j 的子序列的最长公共子序列。按照上面的分类可以得到状态转移方程:

opt[i−1,j−1]+x[i];(x[i]=y[j])

opt[i,j]=opt[i−1,j]+x[i];(length(opt[i−1,j])≥length(opt[i,j−1]))

opt[i,j−1]+y[j];(length(opt[i−1,j])<length(opt[i,j−1]))

(0<i≤length(X),0<j≤length(Y))

复杂度为:

状态数 $O(n^2)$ * 转移代价 $O(1)$ = $O(n^2)$。

代码请读者自行尝试完成。

2. 猪八戒与蒸屉:

在高老庄的时候,猪八戒垂涎高老员外的女儿高翠兰的美色,于是化作一位壮士,并希望以此来赢得高家的欢心。在高老庄这段时间里,八戒起早贪黑,砍柴挑水,异常辛苦。为了犒劳八戒,高老员外准备了许多的蒸屉。由于八戒胃口奇好,不得不用大的蒸屉,深度为 $D(2 \leq D \leq 100)$ 厘米。

猪八戒可以通过吃蒸屉里的食物来缓解自己的饥饿。另外,猪八戒想把蒸屉堆起来,与屋檐同高时,他就可以把蒸屉端到田埂上吃。不同的食物所用的蒸屉高度不同,蒸熟的时间不同,包含的能量也不同。每个蒸屉里的食物都可以用来吃或将蒸屉堆放,并且堆放蒸屉不用花费猪八戒的时间。

假设猪八戒预先知道了每个蒸屉中食物蒸熟的时间 $T(0<T \leq 1000)$,以及每个蒸屉堆放的高度 $H(1 \leq H \leq 25)$ 和吃进该蒸屉食物能缓解自己的饥饿时间 $F(1 \leq F \leq 30)$,求猪八戒最早可以把蒸屉端到田埂上的时间。假设猪八戒当前体内有足够持续 10 分钟的能量,如果猪八戒 10 分钟内没有进食,就将饿死。

【输入格式】

第 1 行为两个整数 D 和 $G(1 \leq G \leq 100)$,其中 D 是蒸屉的深度,G 为八戒端的蒸屉的数量。

第 2 到第 G+1 行每行包括三个整数:$T(0<T \leq 1000)$ 表示蒸屉中食物蒸熟的时间;$F(1 \leq F \leq 30)$ 表示该蒸屉食物能维持猪八戒生命的时间;$H(1 \leq H \leq 25)$ 表示蒸屉能垫高的高度。

【输出格式】

如果猪八戒可以把蒸屉端到田埂上去,输出一个整数表示最早什么时间可以把蒸屉端到田埂上去;否则输出猪八戒最长可以存活的时间。

【输入样例】

```
20 4
5 4 9
9 3 2
12 6 10
13 1 1
```

【输出样例】

```
13
```

【样例说明】

猪八戒堆放他收到的第一个蒸屉:H=9;

猪八戒吃掉他收到的第二个蒸屉,使他的生命从 10 分钟延伸到 13 分钟;

猪八戒堆放第 3 个蒸屉,H=19;

猪八戒堆放第 4 个蒸屉,H=20。

第 18 章　算法综合应用

【例 1】 砝码称重（枚举法）：

猪八戒有 1 g，2 g，3 g，5 g，10 g，20 g 的砝码各若干枚（其总重≤1000 g），他想知道这些砝码能称出的不同的重量个数。请你帮助猪八戒实现这个目的。

【输入格式】

1 g，2 g，3 g，5 g，10 g，20 g 的砝码个数。

【输出格式】

能称出的不同重量的个数。

【输入样例】

1 1 0 0 0 0

【输出样例】

Total＝3

【数据规模】

0＜m，n≤1000

【问题分析】

根据输入的砝码信息，可知每种砝码可用的最大个数是确定的，而且每种砝码的个数是连续的，能取 0 到最大个数，所以符合枚举法的两个条件，可以使用枚举法。枚举时，重量可以由 1 g，2 g，…，20 g 砝码中的任何一个或者多个构成，枚举对象可以确定为 6 种重量的砝码，范围为每种砝码的个数。判定时，只需判断这次得到的重量是新得到的还是前一次已经得到的，即判重。由于重量小于等于 1000 g，所以可以用一个数组 b 来判重。

【程序设计】

```cpp
#include<cstdio>
#include<cstring>
using namespace std;
const int maxn=1020;
const int w[10]={0,1,2,3,5,10,20};
int a[10],b[maxn];
int main()
{
    int mx=0;//砝码最多能称的重量
    for (int i=1;i<=6;++i)
    {
        scanf("%d",a+i);
        mx+=a[i]*w[i];
```

```
    }
    memset(b,0,sizeof(b));b[0]=1;
    for (int i=1;i<=6;++i)
    { //背包模板
        for (int j=1;j<=a[i];++j)
            for (int k=mx;k>=w[i];--k)
                b[k]|=b[k-w[i]];
    }
    int ans=0;
    for (int i=1;i<=mx;++i) ans+=b[i];
    printf("Total=%d",ans);
    return 0;
}
```

【例2】 纪念邮票(模拟法):

天庭的蟠桃园里最近推出了一套特殊的纪念邮票,这套邮票共有 N 张,邮票面值各不相同,按编号顺序依次为 1 分,2 分,…,N 分。

白骨精是个集邮爱好者,她很喜欢这套邮票,可惜现在她身上只有 M 分,不可以把全套都买下。她希望尽量买可能多的邮票,最好刚好花光所有钱。作为一个集邮爱好者,白骨精也不想买的邮票编号断断续续。所以白骨精打算买面值 a 分至 b 分的 $b-a+1$ 张连续的邮票,且总价值刚好为 M 分。请帮助白骨精求出所有符合要求的方案,并以 $[a,b]$ 的形式输出。

【输入格式】

只有一行,包含两个数 N 和 M($1 \leq N, M \leq 10^9$)。

【输出格式】

每行包含一个合法方案:[a,b]。按 a 值从小到大输出。不含任何空格。

【输入样例】

20 15

【输出样例】

[1,5]
[4,6]
[7,8]
[15,15]

【问题分析】

容易得到一个简单的结论:$a+(a+1)+\cdots+(b-1)+b=(a+b)\times(b-a+1)/2$,所以 $2\times m=(a+b)\times(b-a+1)$,如果把 $2\times m$ 分解为两个数相乘:$2\times m=x\times y$,其中 $x=a+b$,$y=b-a+1$,$x \geq y$,则可以推出:$b=(x+y-1)/2$,$a=(x-y+1)/2$,数对 (x,y) 与 (a,b) 一一对应。模拟所有合法数对 (x,y),就可以不重复地直接算出所有 (a,b)。由于 $x \geq y$,所以只需要对 y 枚举 1 到 sqr(2*M),找到所有合法的 (x,y)。

【程序设计】
```cpp
#include<cmath>
#include<cstdio>
using namespace std;
int main()
{
    int n,m;scanf("%d%d",&n,&m);
    for (int a,b,x,y=sqrt(2*m);y;--y)
    {//枚举 y
        if(2*m%y==0)
        {
            x=2*m/y;a=(x-y+1)/2;b=(x+y-1)/2;//从 y 得到 x,a,b
            if(b<=n&&(a+b)*(b-a+1)==2*m) printf("[%d,%d]\n",a,b);//满足条件则输出
        }
    }
    return 0;
}
```

【例 3】 均分纸牌(贪心):

沙僧手里有 N 堆纸牌,编号分别为 $1,2,\cdots,N$。每堆有若干张纸牌,但纸牌总数必为 N 的倍数。可以在任一堆取若干张纸牌,然后移动。

移动规则为:在编号为 1 的纸牌堆上取的纸牌,只能移到编号为 2 的纸牌堆上;在编号为 N 取的纸牌,只能移到编号为 $N-1$ 的纸牌堆上;在其他编号上取的纸牌,可以移到相邻左边或右边编号的纸牌堆上。

现在沙僧想找出一种移动方法,用最少的移动次数使每个编号上的纸牌数都一样多。

例如 $N=4$,其纸牌数分别为:

① 9 ② 8 ③ 17 ④ 6

移动 3 次可达到:

从③取 4 张纸牌放到④(9 8 13 10)→从③取 3 张纸牌放到②(9 11 10 10)→从②取 1 张纸牌放到①(10 10 10 10)。

【输入格式】

N(N 堆纸牌,1≤N≤100)

A_1 A_2 $\cdots$ A_n(N 堆纸牌,每堆纸牌的初始数,1≤A_i≤10000)

【输出格式】

所有纸牌堆均达到相等时的最少移动次数。

【输入样例】

4

9 8 17 6

【输出样例】

3

【问题分析】

首先容易想到在所有的纸牌堆中找到最多的一堆,然后向小的纸牌堆移动,一直到所有的纸牌数都相等,但关键是不知道往哪个方向移动才能达到最小移动次数。

设 a[i]为第 i 堆纸牌的张数($1\leq i\leq n$),ave 为均分后每堆纸牌的张数,ans 为最小移动的次数。按照由左向右的顺序移动纸牌。若第 i 堆纸牌的张数 a[i]超出平均值,则移动一次(ans+1),将超出部分留给下一堆,既第 i+1 堆纸牌的张数增加 a[i]−ave;若第 i 堆纸牌的张数 a[i]少于平均值,则移动一次(ans+1),由下一堆补充不足部分,即第 i+1 堆纸牌的张数减少 ave−a[i];

但问题是,在从第 i+1 堆中取出纸牌补充第 i 堆的过程中,可能会出现第 i+1 堆的纸牌数小于零(a[i+1]−(ave−a[i])<0)的情况,但由于纸牌的总数是 N 的倍数,因此后面的纸牌堆会补充给第 i+1 堆 ave−a[i]−a[i+1]+ ave 张纸牌,使其达到均分的要求。在移动过程中,只改变了移动的顺序,而移动的次数不变,因此本题使用该方法是可行的。

例如:1　2　27

从第二堆移出 9 张纸牌到第一堆后,第一堆有 10 张纸牌,第二堆剩下 −7 张纸牌,再从第三堆移动 17 张到第二堆,刚好三堆纸牌数都是 10,最后结果是对的,从第二堆移出的纸牌都可以从第三堆得到。

本题的原理是贪心算法,从左到右让每堆纸牌向平均数靠拢。但负数的纸牌也可以移动,才是本题的关键。

【程序设计】

```cpp
#include<cstdio>
using namespace std;
const int maxn=120;
int a[maxn];
int main()
{
    int n,ave=0;scanf("%d",&n);
    for (int i=1;i<=n;++i)
        scanf("%d",a+i),ave+=a[i];
    ave/=n;//平均值
    int ans=0;
    for (int i=1;i<n;++i)
        if(a[i]!=ave){//不是平均值就要移动
            ++ans;
            a[i+1]+=a[i]-ave;//把 a[i]中比平均值多的部分给 a[i+1],如果少就相当于把 a[i]中比平均值少的部分从 a[i+1]移来,手动模拟一下就能理解
        }
    printf("%d",ans);
    return 0;
}
```

【例4】 电话号码(递归):

唐僧的电话机上每一个数字下面都写了若干个英文字母。分布如下:

1～abc
2～def
3～ghi
4～jkl
5～mn
6～opq
7～rst
8～uvw
9～xyz

现在给定一个单词表和一串数字密码,请用单词表中的单词翻译唐僧的数字密码。

【输入格式】

第1行为一个正整数N,表示单词表中单词的个数(N≤100)。

第2行为一个长度不超过100的数字串,表示密码。

接下来的N行,每行为一个长度不超过20的单词,表示单词表。

【输出格式】

仅一行,表示翻译后的原文,如果密码无法翻译,则输出"No Solutions!",如果密码有多种翻译方式,则输出任意一种即可。

【输入样例】

```
8
73373711664
thi
shs
this
is
b
a
boo
k
```

【输出样例】

thi shs b boo k

【问题分析】

本题可以用递归搜索求解。首先,注意到一个数字串对应的单词是不唯一的,但是一个单词所对应的数字串却是唯一的!所以开始时读入一大串的数字密码和一些可以出现的单词,把每个单词所表示的密码(是唯一的)存在数组中。然后,从密码的开头开始扫描,得出密码的第一个单词可能的情况,选择其中一种,得出第一个单词,从而得到除第一个单词以外的所有子密码。最后用递归实现子密码的破译。若子密码无解,可换一种第一个单词的取法,再次试验。如果全是无解,则整个密码也是无解的。注意,首先要判断整个密码串是否是一个单词,避免无限递归。

【程序设计】

```cpp
#include<cstdio>
#include<string>
#include<iostream>
using namespace std;
const string fy="111222333444555666777888999";//每个字母对应的数字
const int maxn=120;
string mw,a[maxn],af[maxn];
int n,m,len[maxn];
int chk(string now,string &p)
{//判断now在单词中是否出现
    for (int i=1;i<=n;++i)
    {
        if(af[i]==now)
        {
            p=a[i];
            return 1;
        }
    }
    return 0;
}
int dfs(int k,string s)
{
    if(k>=m)
    {//搜完则输出
        for (int i=0,ls=s.size();i<ls-1;++i)
            cout<<s[i];
        return 1;
    }
    string now="",p;
    for (int i=k;i<m;++i)
    {
        now+=mw[i];
        if(chk(now,p))
        {//存在一个单词
            if(dfs(i+1,s+p+" ")) return 1;
        }
    }
    return 0;
}
```

```
int main()
{
    cin>>n>>mw;m=mw.size();
    for (int i=1;i<=n;++i)
    {
        cin>>a[i];af[i]="";len[i]=a[i].size();
        for (int j=0;j<len[i];++j)
            af[i]+=fy[a[i][j]-'a'];//转换成数字
    }
    if(! dfs(0,"")) printf("No Solutions!");
    return 0;
}
```

【例 5】 取余运算(倍增法)：

红孩儿想知道输入 b,p,k 的值，如何求 $b^p \bmod k$ 的值。其中 b,p,k 为长整型数。请你帮助红孩儿实现这个目的。

【输入样例】

2 10 9

【输出样例】

$2^{10} \bmod 9 = 7$

【知识准备】

进制转换的思想，倍增法。

【问题分析】

样例 $2^{10} \bmod 9$。

$2^1 \bmod 9 = 2$

$2^2 \bmod 9 = (2^1)^2 \bmod 9 = 2^2 \bmod 9 = 4 \bmod 9 = 4$

$2^4 \bmod 9 = (2^2)^2 \bmod 9 = 4^2 \bmod 9 = 16 \bmod 9 = 7$

$2^8 \bmod 9 = (2^4)^2 \bmod 9 = 7^2 \bmod 9 = 49 \bmod 9 = 4$

$2^{10} \bmod 9 = 2^8 * 2^2 \bmod 14 = 4 * 4 \bmod 9 = 7$

所以可以先将 p 转化成二进制，然后依次判断每个位是什么。如果第 x 位是 1，则答案乘上 b^{2^x}，其中最不容易计算的就是 b^{2^x}，所以如果知道 $b^{2^{(x-1)}}$，可不可以推出 b^{2^x} 呢？答案是肯定的，因为可以把 $b^{2^{x-1}}$ 平方，得出 $(b^{2^{x-1}})^2$，根据幂的运算性质，这个式子便等于 $b^{2^{(x-1)*2}}$，即是 b^{2^x}。注意，由于涉及乘方，答案可能会很大，所以每进行一步都要取余。

下面用样例模拟：

10 转化成二进制是 1010。

第 0 位，不是 1，不乘到答案上，b=b*b%9=4。

第 1 位，是 1，答案乘上 b，等于 4，再对 9 取余，等于 4，b=b*b%9=7。

第 2 位，不是 1，不乘到答案上，b=b*b%9=4。

第 3 位，是 1，答案乘上 b，等于 16，再对 9 取余，等于 7。

【程序设计】

```
#include<cstdio>
using namespace std;
typedef long long ll;
ll ksm(ll b,ll p,ll k)
{
    ll ret=1%k;
    for(;p;p>>=1,b=b*b%k)//p&1 相当于 p 的二进制的最后一位,p>>=1,就是把最后一位抹去
        if(p&1) ret=ret*b%k;
    return ret;
}

int main()
{
    ll b,p,k;
    scanf("%lld%lld%lld",&b,&p,&k);
    printf("%lld^%lld mod %lld=%lld",b,p,k,ksm(b,p,k));
    return 0;
}
```

【例6】 字串变换(搜索):

聪明的孙悟空给小猴子们出了一道题:已知有两个字串 A,B 及一组字串变换的规则(至多 6 个规则):A1→B1,A2→B2。

规则的含义为:在 A 中的子串 A1 可以变换为 B1,A2 可以变换为 B2,……例如:A="abcd",B="xyz",变换规则为:"abc"→"xu","ud"→"y","y"→"yz",则此时 A 可以经过一系列的变换变为 B,其变换的过程为:"abcd"→"xud"→"xy"→"xyz",共进行了 3 次变换,使得 A 变换为 B。

请你帮助小猴子们求出 A 变换为 B 所需的最少变换次数。

【输入格式】

输入文件名。文件格式如下:

A B
A1 B1 \
A2 B2 |→变换规则
…… /

所有字符串长度的上限为 20。

【输出格式】

若在 10 步(包含 10 步)内能将 A 变换为 B,则输出最少的变换次数;否则,输出"NO ANSWER!"。

【问题分析】

双向搜索(双向 BFS)指的是搜索沿两个方向同时进行。

正向搜索:从初始结点向目标结点方向搜索。

逆向搜索:从目标结点向初始结点方向搜索。

当两个方向的搜索生成同一子结点时终止此搜索过程。

双向搜索通常有两种方法:

① 两个方向交替扩展。

② 选择结点个数较少的那个方向先扩展。

其中,方法②克服了两方向结点的生成速度不平衡的状态,明显提高了效率。

【程序设计】

```cpp
#include<map>
#include<queue>
#include<string>
#include<iostream>
using namespace std;
const int maxn=20;
string start,end;
string a[maxn][2];
int n,l[maxn][2];
struct pj{string s;int k;};
queue<pj> q[2],w;
map<string,int> M[2];
int bfs(int k) {//拓展一步
    pj X=q[k].front();string now=X.s,p;q[k].pop();//取出队头
    int nl=now.size();
    for (int i=1;i<=n;++i)
    {
        for (int j=0;j<=nl-l[i][k];++j)
        {
            if(now.substr(j,l[i][k])==a[i][k])
            {//查找
                p=now;p.replace(j,l[i][k],a[i][k^1]);
                if(M[k^1][p])
                {//如果在另一个队列里出现,就输出答案
                    if(X.k+M[k^1][p]>10) return -1;
                    cout<<X.k+M[k^1][p];
                    return 1;
                }
                if(M[k][p]) continue;
                M[k][p]=X.k+2;
```

```cpp
                q[k].push((pj){p,X,k+1});//否则把当前状态加入队列
            }
        }
    }
    return 0;
}

int dbfs()
{
    if(start==end) {cout<<0;return 1;}
    q[0].push((pj){start,0});q[1].push((pj){end,0});//分别从起点和终点开始搜索
    M[0][start]=1;M[1][end]=1;
    while(q[0].size()&&q[1].size())
    {
        if(q[0].size()>q[1].size()) {//先拓展小的
            int k=bfs(1);
            if(k) return 1;
            if(k==-1) return 0;
        }
        else {
            int k=bfs(0);
            if(k) return 1;
            if(k==-1) return 0;
        }
    }
    return 0;
}

int main()
{
    cin>>start>>end;
    while(++n,cin>>a[n][0]>>a[n][1])
    {
        l[n][0]=a[n][0].size();
        l[n][1]=a[n][1].size();
    } --n;
    if(!dbfs()) cout<<"NO ANSWER!";
    return 0;
}
```

【例7】 过河卒:

自从孙悟空被玉皇大帝封为齐天大圣之后,终日无所事事,一日他驾云来到天宫的一处,看到众位神仙在下象棋,甚感兴趣。众仙中的一位便给孙悟空出了下面的难题,聪明的你帮助一下他吧。

如图 18-1 所示,A 点有一个过河卒,需要走到目标 B 点。卒行走规则:可以向下,或者向右行走。同时在棋盘上的任一点有一个对方的马(图中的 C 点),该马所在的点和所有跳跃一步可到达的点称为对方马的控制点。例如图中 C 点上的马可以控制 9 个点(图中除 A,B 之外的黑点)。卒不能通过对方马的控制点。

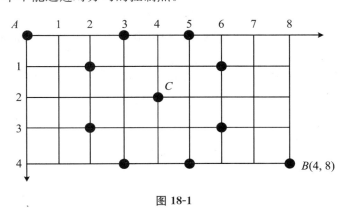

图 18-1

棋盘用坐标表示,$A(0,0)$,$B(n,m)$(n,m 为不超过 100 的整数),同样马的位置坐标是需要给出的(约定:$C \neq A$,同时 $C \neq B$)。现在要求计算出卒从 A 点能够到达 B 点的路径条数。

【输入格式】

仅一行,B 点的坐标(n,m)以及对方马的坐标(x,y)。

【输出格式】

仅一行,一个整数(路径的条数)。

【输入样例】

6 6 3 2

【输出样例】

17

【问题分析】

设二维数组 a[i,j] 表示从 A 点走到第 i 行、第 j 列位置的路径条数。按题意,过河卒只能向下,或者向右行走。

观察图中行坐标轴和列坐标轴上点的路径条数,则 a[i,0]=1,a[0,i]=1。

对于没被马控制的坐标点,如图中(1,1)点,只能从(0,1)和(1,0)走到(1,1)点,则 a[1,1]=a[1,0]+a[0,1]=2。

同理,任意一个没被马控制的坐标点(i,j),只能从(i-1,j)和(i,j-1)走到(i,j)点,则 a[i,j]=a[i-1,j]+a[i,j-1]。对于被马控制的坐标点,则 a[i,j]=0。

那么,对于已知马点的坐标(i,j),如何标识被马控制的坐标点呢?

如图 18-2 所示,根据马的走步规则,中心位置马所能控制的点为图中的 1~8 点,设 dx、dy 表示被马控点相对于马的坐标位移,则

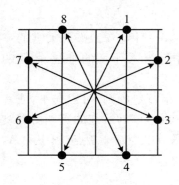

图 18-2

dx[1~8]={2,1,-1,-2,-2,-1,1,2}
dy[1~8]={1,2,2,1,-1,-2,-2,-1}

已知马点坐标(x,y),求得被马控制点的坐标为:X=x+dx,Y=y+dy。

综合上述分析,算法描述如下:

① 定义一个二维布尔型数组 b,标识马点(x,y)及其控制点的坐标,定义一个二维数组 a 存储从 A 点走到各点的路径条数。

② 标识被马控制的点。

③ 赋起点初值 f[0,0]=1,求行坐标轴和列坐标轴上点的路径条数。

④ 用二重循环 i,j 分别控制从第 1 行到第 n 行、从第 1 列到第 m 列执行下列操作:

Ⅰ. 对于非马控制点,a[i,j]=a[i-1,j]+a[i,j-1]。

Ⅱ. 对于马控制点,a[i,j]=0。

⑤ 输出 a[n,m]。

【程序设计】

```
#include<cstdio>
using namespace std;
const int dx[8]={-2,-2,-1,-1,1,1,2,2};//控制移动方向的数组
const int dy[8]={-1,1,-2,2,-2,2,-1,1};
const int maxn=120;
typedef long long ll;
ll a[maxn][maxn];
int b[maxn][maxn];
int main()
{
    int n,m,x,y;
    scanf("%d%d%d%d",&n,&m,&x,&y);
    b[x][y]=1;
    for (int i=0;i<8;++i)
    {
        int nx=x+dx[i],ny=y+dy[i];
        if(nx>=0&&nx<=n&&ny>=0&&ny<=m) b[nx][ny]=1;//标记马能控制的点
    }
    for (int i=0;i<=m;++i)
    {//初始化第 1 行
        if(b[0][i]) break;
        a[0][i]=1;
    }
```

```
    for (int i=0;i<=n;++i)
    {//初始化第 1 列
        if(b[i][0]) break;
        a[i][0]=1;
    }
    for (int i=1;i<=n;++i)
        for (int j=1;j<=m;++j)
            if(!b[i][j]) a[i][j]=a[i-1][j]+a[i][j-1];//根据上面的公式
    printf("%lld",a[n][m]);
    return 0;
}
```

【例 8】 沙僧逃跑：

唐僧又被妖怪抓走了,众仙来救,火烧妖怪洞穴,没想妖怪法力无边,将行火令旗收走,众仙之中的一仙又用半钵黄河水淹了洞穴,不想师徒三人被困水中,沙僧为救师父,在水未没过头顶时,开始逃命。

沙僧背上唐僧奔跑速度为 17 m/s,以这样的速度是无法逃离洞穴的。庆幸的是沙僧拥有闪烁法术,可在 1 s 内移动 60 m,不过每次使用闪烁法术都会消耗 10 点能量。沙僧的能量值恢复的速度为每秒 4 点,只有处在原地休息时才能恢复。

已知沙僧的能量初值为 M,他所在的初始位置与洞的出口距离为 S,水淹没洞穴的时间为 T。请编写一个程序帮助沙僧计算如何在最短的时间内逃离洞穴,若不能逃出,则输出沙僧在剩下时间内能走的最远距离。注意,沙僧奔跑、闪烁或休息活动均以秒(s)为单位,且每次活动的持续时间为整数秒。距离的单位为米(m)。

【输入格式】

仅一行,包括用空格间隔的三个非负整数 M,S,T。

【输出格式】

共两行。

第 1 行为字符串"Yes"或"No"（区分大小写）,即沙僧是否能逃离洞穴。

第 2 行包含一个整数,第 1 行为"Yes"（区分大小写）时表示沙僧逃离洞穴的最短时间；第 1 行为"No"（区分大小写）时表示沙僧能走的最远距离。

【输入样例 1】

39 200 4

【输出样例 1】

No

197

【输入样例 2】

36 255 10

【输出样例 2】

Yes

6

【限制】

对于 30% 的数据满足：$1 \leq T \leq 10, 1 \leq S \leq 100$。

对于 50% 的数据满足：$1 \leq T \leq 1000, 1 \leq S \leq 10000$。

对于 100% 的数据满足：$1 \leq T \leq 300000, 0 \leq M \leq 1000, 1 \leq S \leq 10^8$。

【问题分析】

已知沙僧的能量初值 M，他所在的初始位置与洞穴的出口距离 S，水淹没洞穴的时间 T。对于如何在最短时间内逃出洞穴的问题，若不能逃出，则输出沙僧在剩下时间内能走的最远距离，即在最短时间走最多的路程。每秒有 3 种方法：休息（能量恢复 4）、奔跑（移动 17 m）、闪烁法术（花费 10 能量，移动 60 m）。

从题意中，我们可以得到如下信息：

① 休息和闪烁法术是有关联的（否则可以不休息）。

② 在有能量的情况下，尽量用闪烁法术（因为闪烁法术移动最远）。

③ 在能量不够的情况下，对休息（等待能量恢复使用闪烁法术）还是奔跑进行选择。

为了理清信息，不妨将奔跑和闪烁法术分开处理。设想：

① 如果沙僧不会奔跑，记第 i 秒能到达的最远距离为 f[i]，则

$$f[i] = \begin{cases} f[i-1]+60 & \text{当 m(能量)} \geq 10 \text{ 时，同时 m}-=10 \\ f[i-1] & \text{当 m} < 10 \text{ 时，同时 m}+=4 \end{cases}$$

通过这样一个预处理，可以解决闪烁法术的问题。

② 把跑步的情况加入，则

f[i]=max(f[i],f[i-1]+17)；（令 f[0]=0）

如此得到了解决问题的递推式。当 f[t]<S 时，输出"No"及 f[t] 值（t 为限定的时间），否则输出"Yes"及 f[i] 值刚好离开洞穴时的 i 值。

算法描述如下：

① 读入数据。

② 计算只使用闪烁法术时每秒可达的最远距离。

③ 计算加入奔跑时每秒到达的最远距离，如果在某时刻刚好离开洞穴，则输出离开洞穴的时间，结束。

④ 如果不能离开洞穴，输出最远距离，结束。

【程序设计】

```
#include<cstdio>
#include<algorithm>
using namespace std;
const int maxn=300020;
int f[maxn];
int main()
{
    int m,s,t;scanf("%d%d%d",&m,&s,&t);
    for (int i=1;i<=t;++i)
    {
        if(m>=10)
```

```
        {//如果能量够就用
            f[i]=f[i-1]+60;
            m-=10;
        }
        else
        {//否则休息
            f[i]=f[i-1];
            m+=4;
        }
    }
    for (int i=1;i<=t;++i)
    {
        f[i]=max(f[i],f[i-1]+17);//加入跑步
        if(f[i]>=s)
        {//如果已经逃离洞穴就输出
            printf("Yes\n%d",i);
            return 0;
        }
    }
    printf("No\n%d",f[t]);//否则输出用 t 时间能走的最远距离
    return 0;
}
```

本题有多种解决问题的方法,然而在上述分析中很巧妙地运用了分而治之的思想,把原来奔跑、能量、休息交错在一起的问题条件分离开。首先,考虑只有能量情况下每秒到达的最远距离,此时很容易使用问题中的贪心条件,如果能用能量尽量用上能量,并求只有能量情况下每秒到达的最远距离的递推式。接着,考虑奔跑的情况,当前秒的奔跑距离由上一秒加 17 递推得到,每秒到达的最远距离为奔跑距离和能量距离中的最大值。这是一道很好的题目,建议大家用不同方法求解,然后从中体会分解问题的方法和技巧。

【例 9】 采药:

孙悟空大闹天宫之时,因醉酒而闯入了太上老君的炼丹房,偷吃仙丹,没吃完的也被他损毁了。为炼制仙丹,太上老君不得不再让童子到人间采集仙草。为了考验童子的资质,他给童子出了一个难题。太上老君把童子带到一个到处都是草药的山洞里对他说:"孩子,这个山洞里有一些不同的草药,采一株需要一些时间,每株也有它自身的价值。我会给你一段时间,在这段时间里,你可以采到一些草药。如果你是一个聪明的孩子,你应该可以让采到的草药的总价值最大。"

你能帮助童子完成这个艰巨的任务吗?

【输入格式】

第 1 行有两个整数 T(1≤T≤1000)和 M(1≤M≤100),用一个空格间隔,T 代表总共能够用来采药的时间,M 代表山洞里的草药的数目。接下来的 M 行,每行包括两个在 1 到 100

之间(包括1和100)的整数,分别表示采摘某株草药的时间和这株草药的价值。

【输出格式】

仅一行,一个整数,表示在规定的时间内可以采到的草药的最大总价值。

【输入样例】

70 3
71 100
69 1
1 2

【输出样例】

3

【数据规模】

对于30%的数据,M≤10。

对于全部的数据,M≤100。

时间限制:1秒。

【问题分析】

本题是一个背包问题,求解十分简单。

【程序设计】

```cpp
#include<cstdio>
#include<algorithm>
using namespace std;
const int maxt=1020;
int dp[maxt];
int main()
{
    int t,m;scanf("%d%d",&t,&m);
    for (int i=1,w,c;i<=m;++i)
        {
        scanf("%d%d",&w,&c);
        for (int j=t;j>=w;--j)
            dp[j]=max(dp[j],dp[j-w]+c);//0/1背包模板
        }
    printf("%d",dp[t]);
    return 0;
}
```

【例10】 每日打卡美滋滋:

天庭的打卡系统与水帘洞的打卡系统一样,连续打卡天数越多,每次打卡获得的桃子也就越多,同时连续打卡天数加上一天。然而,在水帘洞只要一天不打卡,连续打卡天数就要清零,所以孙悟空十分不满,而天庭的打卡更具有个性化,如果多天不打卡,连续打卡天数仅仅只是减少,遗漏天数越少,减少的天数也就越少。规则是:如果多天不打卡,则打卡天数减

少 2^{k-1} 天，k 为连续遗漏天数。连续打卡天数在下一次打卡时清算，打卡连续天数不会小于 0。也就是说，如果每隔一天打卡，那么连续打卡天数就不会改变。

当连续打卡天数达到以下天数时，将给予不同的桃子。

1 天：奖励 1 个桃子。(千里之行，始于足下)

3 天：奖励 2 个桃子。(坚持 3 天了，加油!)

7 天：奖励 3 个桃子。(曜日轮回)

30 天：奖励 4 个桃子。(月圆月缺，习惯养成)

120 天：奖励 5 个桃子。(坚持四个月了!)

365 天：奖励 6 个桃子。(一年四季都坚持下来了! 真不容易!)

孙悟空 n 天前来到天庭，虽然当时立志每天都要打卡(为了获取更多的桃子)，但发现这不太容易做到。现在知道孙悟空 n 天的打卡记录，他想知道通过打卡，在 n 天一共能获得多少个桃子? 请你帮助孙悟空实现这个目的。

【输入格式】

第 1 行为一个整数 n($1 \leqslant n \leqslant 1000$)，表示孙悟空 n 天前来到天庭。

第 2 行到第 n+1 行，每行为一个整数 0 或 1，表示此天是否打卡，0 表示未打卡，1 表示打卡。

【输出格式】

仅一行，一个整数，表示孙悟空一共能获得几个桃子。

【输入样例】

7
1
1
0
0
0
1
0

【输出样例】

3

【样例说明】

第 1 天：连续打卡天数为 1，总桃数为 1。

第 2 天：连续打卡天数为 2，总桃数为 2。

第 3 天：去打妖怪去了。

第 4 天：去打妖怪去了。

第 5 天：去打妖怪去了。

第 6 天：连续打卡天数从 2 变为 $2-2^{3-1}$，等于 -2，由于连续打卡天数不会小于 0，所以连续打卡天数变为 0，今天又打卡了，变为 1，总桃数为 3。

第 7 天：去偷仙丹了。

【问题分析】

此题数据很小，容易看出是一道模拟题，具体解释见下面的程序设计部分。

【程序设计】

```cpp
#include<cstdio>
#include<cstring>
using namespace std;
int main()
{
    int n;scanf("%d",&n);
    int t=0,y=0,d=0;//t为当前连续打卡天数,y为桃子总数,d为当前连续未打卡天数
    for (int i=1,x;i<=n;++i)
    {
        scanf("%d",&x);
        if(x==1)
        {//如果今天打卡了
            if(d>0)
            {//如果前几天没打卡
                t-=(1<<(d-1));//减去 $2^{d-1}$ 也就是 1<<(d-1)
                if(t<0) t=0;//如果为负数就变回 0
                d=0;//清 0
            }
            ++t;//连续打卡天数加 1
            ++y;//处理奖励的桃子
            if(t>=3) ++y;
            if(t>=7) ++y;
            if(t>=30) ++y;
            if(t>=120) ++y;
            if(t>=365) ++y;
        }
        else
        {
            ++d;//如果今天没打卡,就把连续未打卡天数加 1
        }
    }
    printf("%d",y);
    return 0;
}
```

【例 11】 Hanoi(汉诺)双塔问题(递推＋高精度)：

玉帝给了太白金星 A；B，C 三根足够长的细柱，在 A 柱上放有 $2n$ 个中间有洞的圆盘，共有 n 个不同的尺寸，每个尺寸都有两个相同的圆盘，注意这两个圆盘是不加区分的(图 18-3)。

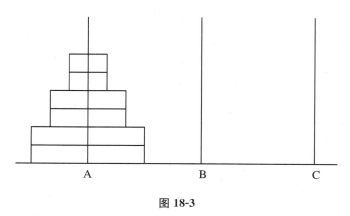

图 18-3

现要将这些圆盘移到 C 柱上，在移动过程中可在 B 柱上暂存。要求：
① 每次只能移动一个圆盘。
② A、B、C 三根细柱上的圆盘都要保持上小下大的顺序。

玉帝给太白金星的任务是：设 $F(n)$ 为 $2n$ 个圆盘完成上述任务所需的最少移动次数，对于输入的 n，输出 $F(n)$。请你帮助太白金星完成这个任务。

【输入格式】
输入为一个正整数 n，表示在 A 柱上放有 2n 个圆盘。

【输出格式】
仅一行，一个正整数，为完成上述任务所需的最少移动次数 F(n)。

【输入输出样例 1】

表 18-1

hanoi.in	hanoi.out
1	2

【输入输出样例 2】

表 18-2

hanoi.in	hanoi.out
2	6

【限制】
对于 50% 的数据，1≤n≤25
对于 100% 数据，1≤n≤200

【算法分析】

容易推出 $F(n)=2F(n-1)+2$，化简后得到 $F(n)=2^{n+1}-2$，由于 2 的幂次的末尾总是大于等于 2，所以最后直接相减就可以了。

【程序设计】

```cpp
#include<cstdio>
#include<cstring>
using namespace std;
const int maxn=80;
struct pj
{
    int a[maxn],len;
    pj()
    {
        memset(a,0,sizeof(a));len=1;
    }
};

pj cheng(pj a,pj b)
{//高精乘
    pj c;c.len=a.len+b.len;
    for (int i=1;i<=a.len;++i)
        for (int j=1;j<=b.len;++j)
            c.a[i+j-1]+=a.a[i]*b.a[j];
    for (int i=1;i<=c.len;++i)
    {
        c.a[i+1]+=c.a[i]/10;
        c.a[i]%=10;
    }
    int i=c.len;
    while(c.a[i+1]>0)
    {
        ++i;
        c.a[i+1]+=c.a[i]/10;
        c.a[i]%=10;
    }
    while(c.a[i]==0&&i>1) --i;
    c.len=i;
```

```
        return c;
}

int main()
{
    int n;scanf("%d",&n);
    pj x,er;x.a[1]=1;er.a[1]=2;
    for (int i=1;i<=n+1;++i) x=cheng(x,er);//求出 $2^{n+1}$
    x.a[1]-=2;//减去 2
    for (int i=x.len;i;--i) printf("%d",x.a[i]);//输出
    return 0;
}
```

【例 12】 摆衣服：

猪八戒改行卖衣服,为了吸引顾客,他想在店门口摆上一排衣服,共 m 件。通过调查顾客的喜好,猪八戒列出了顾客最喜欢的 n 种衣服,从 1 到 n 标号。为了在门口展出更多种衣服,规定第 i 种衣服不能超过 a_i 件,摆衣服时同种衣服放在一起,且不同种类的衣服需按标号从小到大的顺序依次摆列。

由于猪八戒不够聪明,所以请你帮助他计算一共有多少种不同的摆衣服方案。

【输入格式】

第 1 行包含两个正整数 n 和 m,中间用一个空格间隔。

第 2 行有 n 个整数,每两个整数之间用一个空格间隔,依次表示 $a_1, a_2, \cdots, a_n$。

【输出格式】

一个整数,表示有多少种方案。注意,因为方案数可能很多,请输出方案数对 1000007 取模的结果。

【输入样例】

2 4

3 2

【输出样例】

2

【数据范围】

对于 100% 数据,有 $0<n\leq100, 0<m\leq100, 0\leq a_i\leq100$。

【问题分析】

对于给出的数据范围,由题意可知不能用搜索,所以考虑动态规划。设计状态 f[i][j] 表示前 i 件衣服、摆了 j 种的方案数。枚举第 j 种衣服摆了 k 件,则得出下面的方程：

$$f[i][j] = \sum_{k=0}^{k\leq a[j] \& \& k\leq i} f[i-k][j-1]$$

初始化时，可以发现前 0 件衣服摆的方案数都是 1，因此 f[0][i]=1。

【程序设计】

```cpp
#include<cstdio>
using namespace std;
const int maxn=120;
int a[maxn],f[maxn][maxn];
int main()
{
    int n,m;scanf("%d%d",&n,&m);//输入
    for (int i=1;i<=n;++i) scanf("%d",&a[i]);
    for (int i=0;i<=n;++i) f[0][i]=1;//前0件衣服摆的方案数都是1
    for (int i=1;i<=m;++i) //动态规划
        for (int j=1;j<=n;++j)
            for(int k=0;k<=a[j]&&i-k>=0;++k)
                f[i][j]=(f[i][j]+f[i-k][j-1])%1000007;//
    printf("%d",f[m][n]);//输出
    return 0;
}
```

第 19 章　STL 入门

天宫举行了一场编程大赛。机灵的孙悟空编写了许多数据结构,且具有优秀的复杂度,但他看到猪八戒的代码十分简单。孙悟空刚想说猪八戒偷懒,谁知猪八戒的程序也能通过考试,而且与孙悟空的复杂度不相上下。孙悟空仔细查看了猪八戒的程序,发现各种各样的函数,自己以前都没见过。这就是本章要讨论的内容——STL。

19.1　STL 是什么

STL 是 standard template library 的缩写,意为标准模板库。它可以分为三大类:容器(container)、迭代器(iterator)和算法(algorithm)。STL 内部封装了许多数据结构和算法,可以帮助我们简化程序(懒人的福利)。当使用 STL 时,一定要有语句:using namespace std。

下面介绍 STL 一些常用的容器和算法。

19.2　vector 与迭代器

vector 是不定长数组。包含在头文件 vector 中。支持以下操作:
① 创建 vector 对象:vector<类型名>v。
② 尾部插入:v.push_back(data)。
③ 使用下标访问:和数组访问相同(v[i],或者 v.at(i))。
④ 插入元素:v.insert(v.begin()+pos,num)在 pos 元素后面插入 a。
⑤ 删除元素:v.erase(v.begin()+pos)删除第 pos+1 个元素。
⑥ 数组大小:v.size()。
⑦ 清空:v.clear()。
注意访问下标小于数组大小,vector 从 0 开始存储数据。
在遍历 vector 时,可以用一个 for 循环枚举下标遍历。另一种方法是使用迭代器遍历。
定义一个容器的迭代器,通常是:
容器类型::it;(it 是 iterator 的简写)
若把迭代器看成指针,则下面的代码就十分容易理解了:
　　for(it=v.begin();v!=v.end();v++) cout<< *it<<endl;
代码中的 v.begin()是 v 的第一个元素的迭代器,v.end()返回的是数组最后一个元素**后一**

个位置的迭代器。

19.3 stack

　　stack,是一个叫做"栈"的数据结构。什么是栈？我们可以理解为是一个箱子,里面装入东西后,先进入箱子的东西一定是后取出。栈就是一个**先进后出**的线性表。
　　STL 封装了栈,使其包含在头文件 stack 中。栈支持以下操作：
　　① 定义方法：stack<类型名>s。
　　② 栈顶：s.top()。
　　③ 弹出栈顶：s.pop()。
　　④ 将一个元素入栈：s.push(data)。
　　⑤ 判断 s 是否为空：s.empty()。
　　⑥ s 内的元素个数：s.size()。
　　⑦ 清除：s.clear()。

19.4 queue 与 priority_queue

　　queue 与 priority_queue 均包含在头文件 queue 中。
　　queue 实现的是队列的数据结构。例如排队买票,先排队的先买到票,这就是队列的**先进先出**的特点。队列是一个先进先出的线性表。定义方法是：
　　queue<类型名> q;
除队头是 s.front()以外,其他操作与 stack 都相同。
　　priority_queue 实现的是堆的数据结构,又称优先队列。堆就是一个满足父节点比子节点大的数据结构。所有的操作都和 stack 相同。这里需要注意的是它定义的方法。
　　如果按照 queue 的定义方法,prioirity_queue 的定义是 priority_queue<类型名>pq;然而,优先队列存储的类型要定义比较运算符：大于号(>)。所以下面给出自定义比较符 prioriry_queue 的方法：
　　struct cmp
　　{
　　　　bool operator ()(cons 类型 a,const 类型 b)
　　　　{
　　　　　　return 比较结果；
　　　　}
　　}
　　priority_queue<类型,vector<类型>,cmp>
　　当然还可以直接重载运算符。

如果定义一个整数小根堆，其实不需要那么麻烦地定义结构体，可以使用：
priority_queue<int,vector<int>,greater<int> >

注意最后两个">>"中间有一个空格，目的是为了分割，否则会被编译程序认为是右移运算符。(其他长整型、实数等C++自带类型同理)

19.5 set

set，表示集合。集合内不能有两个相同的元素，每个元素都按照一定的顺序排列，默认是从小到大。改变一个元素时，只能先删除后插入。其包含在头文件 set 内。定义集合的方法是：

set<类型名>s;

支持以下操作：

count(data)：查询 data 有没有出现过。

equal_range()：返回一对迭代器，分别表示第一个大于等于给定关键值的元素和第一个大于给定关键值的元素。

erase(iterator)：删除迭代器 iterator 指向的元素。

erase(first,second)：删除迭代器[first,second)之间的元素。

erase(key_value)：删除键值 key_value 的元素。rbegin()==end()，rend()==begin()。

find()：返回给定值的迭代器，查找失败则返回 end()。

insert(key_value)：将 key_value 插入到 set 中，返回值是 pair<iterator,bool>，bool 标志插入是否成功，而 iterator 代表插入的位置，若 key_value 已经在 set 中，则表示其在 set 中的位置。

insert(first,second)：将迭代器[first,second)的元素插入到 set 中，返回值是 void。

lower_bound(key_value)：返回第一个大于等于 key_value 的迭代器。

upper_bound(key_value)：返回最后一个大于等于 key_value 的迭代器。

19.6 map

map，表示映射。在 set 基础上，它提供一对一(<**关键字,关键字的值**>)的数据处理能力。其包含在头文件 map 内。

插入可以利用"[ ]"进行，和数组的赋值方法一样。其他操作同 set。

19.7　pair

pair 返回的是一对数据。包含在头文件 iostream 内。定义方法为：
pair<类型名 1,类型名 2>p;
p.first 为第一个数据,p.second 为第二个数据。
make_pair(a,b)返回的是一个第一个数据为 a、第二个数据为 b 的 pair。
比较时,一般先比较 first 的大小,当 first 相等时,再比较 second。

19.8　algorithm

下面介绍 algorithm 库里面的一些函数。
排序:sort(开始排序的地址,截止的地址+1,比较函数)。
二分查找:lower_bound,upper_bound。实现的功能在 set 内已提及。
此外,min/max 等算法也都包含在头文件 algorithm 中。

19.9　STL 分析

STL 虽然好用,但是在某些时限卡得很紧的情况下并不使用,此时建议使用手写版。例如 2004 年信息学奥林匹克竞赛提高组的合并果子一题,使用 STL 的优先队列时间是手写堆的 2 倍!
优先队列(STL):https://www.luogu.org/recordnew/show/10828576。
堆(手写):https://www.luogu.org/recordnew/show/16744062。
除此之外,由于 STL 的过度封装,导致维护 set 的平衡树、维护 map 的红黑树的许多功能都不能使用。下面分析 STL 的复杂度。
① vector 实现的是一个数组,访问的时间为 O(1),删除和插入需要移动数据,所以复杂度为 O(n)。
② queue 和 stack 是只在一端或两端进行插入删除的线性表,任何操作的复杂度均为 O(1)。
③ pair 的复杂度是 O(1),只是把两个数据装在一起。
④ priority_queue 用堆维护,各个操作的时间复杂度均为 O(logn)。
⑤ set 和 map 用平衡树维护,各个操作的时间复杂度均摊为 O(logn)。
计算复杂度时要注意,在关闭 O2 的情况下可以把 STL 看作 2 倍常数(非常慢),但是在信息学奥林匹克竞赛系列赛事中利用 O2 优化时,STL 有时可能比手写数据结构还要快(结果并不确定)。

课外拓展资源：http://www.cplusplus.com/reference/stl/。
http://www.cppreference.com/。

练习

1. 小鱼的数字游戏：

小鱼最近参加一个数字游戏,要求它把看到的一串数字(长度不一定,以 0 结束,最多不超过 100 个,数字不超过 $2^{32}-1$)记住,然后反着念出来(表示结束的数字 0 不需要念出来)。这对小鱼来说实在是太难了,所以请你帮助小鱼编写一个程序来解决这个问题。

【输入格式】

仅一行,输入一串整数,以 0 结束,以空格间隔。

【输出格式】

仅一行,倒着输出这一串整数,以空格间隔。

【输入样例】

3 65 23 5 34 1 30 0

【输出样例】

30 1 34 5 23 65 3

2. 明明的随机数：

明明想在学校中请一些同学做一项问卷调查,为了实验的客观性,他先用计算机生成了 N 个 1 到 1000 之间的随机整数($N \leqslant 1000$),对于其中重复的数字,只保留一个,把其余相同的数去掉,不同的数对应着不同学生的学号。然后再把这些数从小到大排序,按照排好的顺序进行调查。请协助明明完成"去重"与"排序"的工作。

【输入格式】

输入有两行,第 1 行为 1 个正整数,表示所生成的随机数的个数 N。

第 2 行有 N 个用空格间隔的正整数,为所产生的随机数。

【输出格式】

输出有两行,第 1 行为一个正整数 M,表示不相同的随机数的个数。

第 2 行为 M 个用空格间隔的正整数,为从小到大排好序的不相同的随机数。

【输入样例】

10

20 40 32 67 40 20 89 300 400 15

【输出样例】

8

15 20 32 40 67 89 300 400

3. 奖学金：

某小学最近得到了一笔赞助,校方打算拿出其中一部分为学习成绩优秀的前 5 名学生发奖学金。期末考试时,每个学生都有 3 科课程的成绩:语文、数学、英语。先按总分从高到低排序,如果两个同学总分相同,再按语文成绩从高到低排序,如果两个同学总分和语文成绩都相同,则规定学号小的同学排在前面,这样每个学生的排序是唯一确定的。

任务:先根据输入的3科课程的成绩计算总分,然后按上述规则排序,最后按排名顺序输出前5名学生的学号和总分。注意在前5名同学中,每个人的奖学金都不相同,因此必须严格按上述规则排序。例如在某个正确答案中,如果前两行的输出数据(每行输出两个数:学号、总分)是:

7 279
5 279

则这两行数据的含义是:总分最高的两个同学的学号依次是7号和5号。这两名同学的总分都是279(总分等于输入的语文、数学、英语3科课程成绩之和),但学号为7的学生语文成绩更高一些。如果他的前两名的输出数据是:

5 279
7 279

则按输出错误处理,不能得分。

【输入格式】

共n+1行。

第1行为一个正整数n(≤300),表示该校参加评选的学生人数。

第2到n+1行,每行有3个用空格间隔的数字,每个数字都在0到100之间。第j行的3个数字依次表示学号为j−1的学生的语文、数学、英语成绩。每个学生的学号按照输入顺序编号为1~n(恰好是输入数据的行号减1)。

所给的数据都是正确的,不必检验。

【输出格式】

共5行,每行是两个用空格间隔的正整数,它们依次表示前5名学生的学号和总分。

【输入样例1】

6
90 67 80
87 66 91
78 89 91
88 99 77
67 89 64
78 89 98

【输出样例1】

6 265
4 264
3 258
2 244
1 237

【输入样例2】

8
80 89 89
88 98 78
90 67 80

87 66 91
78 89 91
88 99 77
67 89 64
78 89 98

【输出样例 2】
8 265
2 264
6 264
1 258
5 258

4. 错误的点名开始了：

某中学化学竞赛组教练是一个酷爱炉石的人。有一天，他一边玩炉石一边点名以至于连续点到了某位同学两次，正好被路过的校长发现，然后就是一顿批评……这之后校长任命你为特派探员，每天记录教练的点名。校长提供化学竞赛学生的人数和名单，而你需要告诉校长教练有没有点错名。（为什么不直接不让他玩炉石？）请你编写一个程序

【输入格式】

第 1 行一个整数 n，表示班级的总人数。

接下来 n 行，每行一个字符串表示其名字（互不相同，且只含小写字母，长度不超过 50）。

第 n+2 行有一个整数 m，表示教练点到的名字。

接下来 m 行，每行一个字符串表示教练点到的名字（只含小写字母，且长度不超过 50）。

【输出格式】

如果名字正确且是第一次出现，输出"OK"；如果名字错误，输出"WRONG"；如果名字正确但不是第一次出现，则输出"REPEAT"。（输出结果均不加引号）

【输入样例】

5
a
b
c
ad
acd
3
a
a
e

【输出样例】

OK
REPEAT
WRONG

【说明】

对于 40% 的数据，n≤1000，m≤2000。

对于 70% 的数据，n≤10000，m≤20000。

对于 100% 的数据，n≤10000，m≤100000。

5. 合并果子：

在一个果园里，多多已经将所有的果子打了下来，而且按果子的不同种类分成了不同的堆。多多决定把所有的果子合成一堆。每一次，多多可以把两堆果子合并到一起，消耗的体力等于两堆果子的重量之和。最后，所有的果子经过 $n-1$ 次合并之后，只剩下一堆果子。多多在合并果子时总共消耗的体力等于每次合并所耗体力之和。

因为还要花大力气把这些果子搬回家，所以多多在合并果子时要尽可能地节省体力。假定每个果子重量都为 1，并且已知果子的种类数和每种果子的数目。请设计出合并的次序方案，使多多耗费的体力最少，并输出这个最小的体力耗费值。

例如有 3 种果子，数目依次为 1,2,9。可以先将 1,2 堆果子合并，新堆果子数目为 3，耗费体力为 3。接着，将新堆果子与原先的第三堆果子合并，又得到新的一堆果子，数目为 12，耗费体力为 12。所以多多总共耗费体力=3+12=15。可以证明 15 为最小的体力耗费值。

【输入格式】

共两行。

第 1 行是一个整数 n(1≤n≤10000)，表示果子的种类数。

第 2 行包含 n 个整数，用空格间隔，第 i 个整数 a_i(1≤a_i≤20000) 是第 i 种果子的数目。

【输出格式】

仅一行，一个整数，也就是最小的体力耗费值。输入数据保证这个值小于 2^{31}。

【输入样例】

3

1 2 9

【输出样例】

15

附录1　C++常用库函数

C++语言提供了许多方便又快捷的库函数,下面将介绍各种各样实用的提高编程效率的小技巧和模板库,其中绝大多数依靠C++自带类和函数实现。

1. 常用数学函数

头文件为cmath或者math.h,如表F1-1所示。

表 F1-1　常用数学函数

函数原型	功　　能	返回值
int abs(int x)	求整数 x 的绝对值	绝对值
double acos(double x)	计算 arccosx 的值	计算结果
double asin(double x)	计算 arcsinx 的值	计算结果
double atan(double x)	计算 arctanx 的值	计算结果
double cos(double x)	计算 cosx 的值	计算结果
double cosh(double x)	计算 x 的双曲余弦 coshx 的值	计算结果
double exp(double x)	求 e^x 的值	计算结果
double fabs(double x)	求实数 x 的绝对值	绝对值
double fmod(double x)	求 x/y 的余数	余数的双精度数
long long labs(long long x)	求长整型数的绝对值	绝对值
double log(double x)	计算 lnx 的值	计算结果
double log10(double x)	计算的 $\log_{10} x$ 值	计算结果
double modf(double x,double * y)	取 x 的整数部分送到 y 所指向的单元格中	x 的小数部分
double pow(double x,double y)	求 x^y 的值	计算结果
double sin(double x)	计算 sinx 的值	计算结果
double sqrt(double x)	求 $\sqrt{x}$ 的值	计算结果
double tan(double x)	计算 tanx 的值	计算结果
fcvt	将浮点型数转化为字符串	

2. 其他常用函数

包括头文件的语句为#include<cstdlib>,或#include<stdlib.h>,如表F1-2所示。

表 F1-2　其他常用函数

函数原型	功　能	返回值	说　明
void abort(void)	终止程序执行		结束工作,但不清理
void exit(int)	终止程序执行		结束工作,并清理
double atof(const char * s)	将 s 所指向的字符串转换成实数	实数值	
int atoi(const char * s)	将 s 所指向的字符串转换成整数	整数值	
long atol(const char * s)	将 s 所指的字符串转换成长整数	长整数值	
int rand(void)	产生一个随机整数	随机整数	
void srand(unsigned int)	初始化随机数产生器		
int system(const char * s)	将 s 所指向的字符串作为一个可执行文件,并加以执行		
max(a,b)	求两个数中的大数	大数	参数为任意类型
min(a,b)	求两个数中的小数	小数	参数为任意类型

3. 实现键盘和文件输入/输出的成员函数

包括头文件的语句为♯include<iostream>,如表 F1-3 所示。

表 F1-3　实现键盘和文化输入/输出的成员函数

函数原型	功　能	返回值
cin>>v	输入值送给变量	
cout<<exp	输出表达式 exp 的值	
istream & istream::get(char &c)	输入字符送给变量 c	
istream & istream::get(char * ,int,char='\n')	输入一行字符串	
istream & istream::getline(char * ,int,char='\n')	输入一行字符串	
void ifstream::open(const char * ,int=iOS::in, int=filebuf::openprot)	打开输入文件	
void ofstream::open(const char * ,int=ios::out, int=filebuf::openprot)	打开输出文件	
void fsream::open(const char * ,int, int=filebuf::openprot)	打开输入/输出文件	
ifstream::ifstream(const char * ,int=ios::in,int=filebuf::openprot)	构造函数打开输入文件	

续表

函数原型	功　　能	返回值
ofstream::ofstream(const char * ,int=ios::out, int=filebuf::openprot)	构造函数打开输出函数	
fstream::fstream(const char * ,int,int=filebuf::openprot)	构造函数打开输入/输出文件	
void istream::close()	关闭输入文件	
void ofsream::close()	关闭输出文件	
void fsream::close()	关闭输入/输出文件	
istream & istream::read(char * ,int)	从文件中读取数据	
ostream & istream::write(const char * ,int)	将数据写入文件中	
int ios::eof()	判断是否到达打开文件的尾部	1 为到达 2 为没有
istream & istream::seekg(streampos)	移动输入文件的指针	
istream & istream::seekg(streamoff,ios::seek_dir)	移动输入文件的指针	
streampos istream::tellg()	取输入文件的指针	
ostream & ostream::seekp(streampos)	移动输出文件的指针	
ostream & ostream::seekp(streamoff,ios::seek_dir)	移动输出文件的指针	
streampos ostream::tellp()	取输出文件的指针	

附录 2　STL 排序算法

排序算法为竞赛中最常用的算法之一,我们可以利用 C++ 自带的库函数进行排序,使用排序算法必须包含 algorithm 头文件。

sort(a+m,a+n);//将数组 a 的下标从 m 到 n-1 的元素从小到大排序。

sort(arr+m,arr+n,comp);//与第一种写法相比,这个写法可以自己定义排序的规则//其中,comp 为自定义的函数

接下来对于这两种写法,举一个例子:

```
#include<iostream>
#include<algorithm>//这个头文件一定要加上
using namespace std;
int a[10];
int main()
{
    for (int i=0;i<10;++i) cin>>a[i];
    sort(a+0,a+10);//对 a[0]到 a[9]之间的元素进行排序
    for (int i=0;i<10;++i) cout<<a[i]<<' ';
    cout<<endl;
    return 0;
}
```

当然,有时我们需要从大到小进行排序。那么此时可以使用 sort(arr+n,arr+m,comp)进行排序。但是,在调用 sort(arr+n,arr+m,comp) 之前,我们需要自己编写一个 comp 函数。

从大到小排序的 comp 函数可以写为:

```
int my_comp(const int & a,const int & b)
{
    return a>b;//在两元素相同时一定要返回 0 或者 false
}//函数的名字是由编写程序者决定的,例如可以叫做 cat 等等
```

【附例 1】

编写程序,从键盘读入 10 个数,然后按从大到小输出。

【参考程序】

```
#include<iostream>
#include<algorithm>
using namespace std;
```

```
int a[10];
int my_comp(const int & a,const int & b)
{
    return a>b;//如果 a>b 则返回 1,否则返回 0
}
int main()
{
    for (int i=0;i<10;++i) cin>>a[i];
    sort(a+0,a+10,my_comp);
    for (int i=0;i<10;++i) cout<<a[i]<<' ';
    cout<<endl;
    return 0;
}
```

在很多情况下,不是对一个特征进行排序,而是对多个特征。例如将学生的成绩进行排序,用上面的方法是行不通的。这时可以利用结构体这种数据类型。当采用 sort() 函数的默认规则排序结构体时,sort() 默认结构体中的第一个元素为第一关键字,第二个元素为第二关键字,第 N 个元素为第 N 关键字,然后从小到大排序。

例如,将学生的成绩从大到小排序,当成绩相同时,根据姓名字典序小的优先这一规则进行排序。显然,此时无法采用默认规则进行排序。

这时可以首先定义一个 comp 函数:

```
int score_comp(const student & a,const student & b)
{
    if (a.score>b.score) return 1;
    if (a.score<b.score) return 0;
    if (a.name<b.name) return 1;
        //score 为成绩,name 为名字
    return 0;
}
```

【附例 2】

每次考试结束,老师都要对学生的成绩进行排序,以便分析学生的学习情况。可是老师发现学生数目庞大,所以找来了会编程的你,并且给了全部同学的分数,希望你能按如下规则排序:分数高的排在前面;如果分数相同,就把名字字典序低的放在前面。

【输入格式】

第 1 行一个整数 n。

接下来 n 行,每行一个学生名字和一个分数,两者用空格间隔。

【输出格式】

每行一个名字和一个分数。

【输入样例】

3

Xiaoxiao 396
Yingmo 405
Diyucailang 399

【输出样例】

Yingmo 405
Diyucailang 399
Xiaoxiao 396

【参考程序】

```cpp
#include<iostream>
#include<algorithm>
#include<string>
using namespace std;
struct student
{
    int score;
    string name;
}a[100];
int n;
int score_comp(const student & a,const student & b)
{
if (a.score>b.score) return 1;
if (a.score<b.score) return 0;
if (a.name<b.name) return 1;
    return 0;
}
int main()
{
    cin>>n;
    for (int i=0;i<n;++i)
    {
        cin>>a[i].name;
        cin>>a[i].score;
    }
    sort(a+0,a+n,score_comp);
    for (int i=0;i<n;++i)
    cout<<a[i].name<<' '<<a[i].score<<endl;
    return 0;
}
```

附录3 ASCII 码表

在计算机中,所有的数据在存储和运算时都要用二进制数表示,即使是字符在计算机中也是使用二进制数表示的,如 a、b、c、d、0、1、*、#、@等字母、数字及常用符号。为了使二进制数代表的符号不发生混乱,美国出台了 ASCII 编码(表 F3-1),统一规定了符号的二进制数表示。

表 F3-1 ASCII 码表

ASCII 值	字符	ASCII 值	字符	ASCII 值	字符	ASCII 值	字符	ASCII 值	字符	ASCII 值	字符
32	空格	48	0	64	@	80	P	96	`	112	p
33	!	49	1	65	A	81	Q	97	a	113	q
34	"	50	2	66	B	82	R	98	b	114	r
35	#	51	3	67	C	83	S	99	c	115	s
36	$	52	4	68	D	84	T	100	d	116	t
37	%	53	5	69	E	85	U	101	e	117	u
38	&	54	6	70	F	86	V	102	f	118	v
39	'	55	7	71	G	87	W	103	g	119	w
40	(	56	8	72	H	88	X	104	h	120	x
41	)	57	9	73	I	89	Y	105	i	121	y
42	*	58	:	74	J	90	Z	106	j	122	z
43	+	59	;	75	K	91	[	107	k	123	{
44	,	60	<	76	L	92	\	108	l	124	|
45	-	61	=	77	M	93	]	109	m	125	}
46	.	62	>	78	N	94	^	110	n	126	~
47	/	63	?	79	O	95	_	111	o	127	DEL

附录 4　普及和提优理念下的青少年信息学奥赛辅导策略

全国青少年信息学奥林匹克竞赛(NOI,以下简介信息学奥赛)是由中国计算机学会主办,教育部、科协批准的学科竞赛,与数、理、化、生并称为五大学科竞赛,也是面向全国青少年的学习实践活动。其宗旨是给学校的信息技术教育课程提供动力和新的思路,目的是通过竞赛促进普及,使更多的青少年在课外接触和学习计算机科学,提高他们的逻辑思维能力、解决实际问题的能力、创新能力、协作能力以及沟通能力等,通过竞赛和相关的活动培养,来选拔优秀计算机人才。

信息学难度大、知识面广,主要通过智力与应用计算机能力相结合,培养学生利用各种算法来解决问题的能力。其间,学生的数学思维差异可以从算法的优劣性中得到直接反馈。随着全国信息学奥林匹克竞赛的深入开展,各地各区域的信息学竞赛开展得如火如荼,越来越多的教师投入到信息学教育教学的研究之中。

我们从 2010 年开始尝试开展青少年信息学奥赛的兴趣班教学。一分耕耘,一分收获。两年的时间,所辅导的学生取得了喜人的成绩,首批学生共六名,其中五人就读计算机科学技术专业,于剑以信息学奥赛国家集训队队员资格被保送清华大学,吴桐、徐睿达在高二就以信息特长生资格被中国科学技术大学少年班学院录取,蒋梦旭以信息学奥赛决赛铜牌资格被武汉大学录取。在此之后,更有一大批学生因为青少年时期学习信息学课程而影响高考专业的选择,把信息学学习与自己的理想前途联系起来。作为一名践行者,我们一直在积极探求信息学的教学辅导方法。以下,是我们结合学校信息学工作的开展,初步探索出的青少年信息学发展的有效路径与辅导模式。

一、树立正确的教育目的观是信息学发展的必要前提和观念保障

(一) 信息学发展的现代意义

在信息时代高速发展的今天,信息能力已成为现代人除读、写、算能力之后所必须具备的第四项基本能力。《中小学信息技术课程指导纲要》(2000 年 10 月颁发,试行)明确指出:信息技术教育的主要任务是,培养学生对信息技术的兴趣和意识,让学生了解信息技术的发展及其应用对人类日常生活和科学技术的深刻影响。通过信息技术课程使学生具有获取信息、传输信息、处理信息和应用信息的能力,培养学生良好的信息素养,为适应信息社会的学习、工作和生活打下必要的基础。

(二) 信息学奥赛开展的根本意义和必要性

由于信息学奥赛的特殊性,学校选拔的提高组学生,往往是在学习活动中表现出在某些方面具有独特潜质、学业相对拔尖的学生。但是,开展信息学奥赛的真正目的并不只是开发少数人的智力。全国信息学委员会主席杜子德明确指出:举行信息学奥赛的目的是通过竞赛的普及和带动,使更多的青少年学生接触和学习计算机科学知识,培养他们的逻辑思维能力、解决问题的能力、合作及沟通能力等。对于信息学奥赛,学校、家庭、社会都不应该过多关注它的竞赛结果,而应该更多关注学生信息学素养的提升。从目前对信息学奥赛学生的跟踪调查来看,大多数学生在大学阶段和研究生教育中都发展良好,成绩优异,毕业后在IT行业中表现出色。这也证实了信息学奥赛的确是为国家培养了优秀人才,本身并没有"功利"二字。只有我们树立了这种正确的观念,信息学奥赛才会更加规范、健康,才能培养和选拔出真正的计算机人才。信息学奥赛的道路不会因为取消保送而受阻碍,相反一定会越来越宽广。

二、学校、家庭、社会的支持是信息学奥赛成长的坚实平台

当前,信息学奥赛的整体水平在不断地提升,要成长为一名高水平的竞赛选手可能需要几年时间系统的培养,语言基础知识熟练应用、程序设计入门、算法设计提高、综合训练、上机调试、测试等等,这些都是选手必须具备的基本素养。但是,长期以来,青少年教育受应试教育的影响,重教轻学,重知轻能,重智轻德,注重齐头并进的平均发展,忽视学生各具特色的生动活泼的发展,埋没了学生特长的潜能。基于此,第一,信息技术教师必须更多地走到前台,通过各种有效途径如学校网络平台、年级组会、教学研讨会、家长会等,做好信息学的宣传工作。第二,展示信息学奥赛的成绩,介绍孩子在参与信息学奥赛过程中的变化及信息学奥赛选手的未来展望。第三,努力争取到相关教育主管部门的高度重视,获取必要的有利于信息学奥赛发展的政策支持。例如,为信息学奥赛优秀选手争取保送机会,提供培训的时间与经费保障,争取让信息学奥赛成为学校和地方的教育特色和优势发展学科。

信息学奥赛是一个需要持之以恒付出努力的过程,不仅是对学生和老师的考验,也是对家长责任心和毅力的考验。因此,做好家长的思想工作和信息沟通与交流,取得他们的支持与配合也是活动开展的一个必要环节。特别是每年寒暑假的信息学奥赛集中培训,正赶上天寒地冻、酷暑难熬的时间,家长在人力、物力和财力上更是要付出更多的努力。

三、千里之行,始于足下——选准苗子,抓早、抓好信息学奥赛基础班培训工作和梯队建设

(一) 在提优、普及和适宜理念下,做好队员的选拔工作

信息学奥赛主要面向学有余力的学生,学校从四年级到九年级开展信息学奥赛辅导,所

有队员均由各班级数学老师推荐,每班3名学生,尽量选拔成绩优异、有一定奥数基础、学习习惯较好的学生参加信息学奥赛培训。基础班教学每学期一个循环,学期结束通过测评选拔学校集训队队员。为了保证信息学梯队建设和后备力量的发展,队员选拔遵循"分年级,按比例"原则。海纳百川,有容乃大。在具体实施过程中,也并不排斥对信息学奥赛有热情但是缺乏一定基础的学生,通过有效的引导,为他们提供一个良好的发展平台,毕竟,信息学奥赛的终极目的是普及和提高。

(二)在基础性、适应性原则下,选择切合实际的教材

纵览我国许多地区选择的青少年信息学教材,结合青少年的认知特点,我们在对学生进行辅导时选择了潘洪波主编的《小学生C++趣味编程》作为初始教材。这本教材体系完善,语言表述通俗易懂,例题和习题配备完善,非常适合初学者。既方便教师的教学,也方便有能力的家长进行课外辅导。

(三)化整为零,实施分散教学;聚零为整,实施集中训练

有学者做过这样一个统计:信息学奥赛的基础培训需要30课时,语言入门需要100课时,而达到熟练的常规语言算法提高需要60课时。这些要求对于一个全日制的学生是很难达到的。为了解决这一矛盾,我们选择了每周一下午课外活动时间(教师例会)进行教学与训练,每次2小时。

(四)以兴趣为基础,围绕"任务"和"问题"教学,实施自主学习和发现学习

自己从来没有遇到过类似的问题,我从来都没有厌倦的时候,每天学这个都觉得是一件很开心的事。自己刚上五年级那会,有50多人报名参加信息学竞赛培训班,但是到六年级的时候竟然只剩下了20多人,大部分人都因为坚持不下去而自己选择了放弃,我坚持到了最后。

——吴桐(现就读于中国科学技术大学少年班学院)

学习兴趣是学生基于自己的学习需要而激发出来的一种认识倾向,在学生的学习中具有重要的作用。青少年的生理、心理和年龄特点都决定了他们的学习往往始于兴趣。在两年的探究和摸索中,我们深深体会到:不是每个孩子都适合信息学竞赛,能学出来的孩子都有一些共同的特点。几位获奖者最初会走上信息学之路,兴趣在其中起到了非常大的作用,而且直接影响着他们在以后的学习中能否坚持下来并乐在其中。

兴趣的培养应该深入到每个环节。在教学中,要让学生明白且听懂才能留住他们。刚开始的学习晦涩难懂,如何适应青少年的认知特点、语言习惯、接受能力成为备课中的关键点和出发点。在具体工作中,他从内容、方法和算法艺术等方面入手,激发学生的兴趣。① 结合实际创设问题情境,让学生体验到信息学奥赛的奥秘和意义。在信息课授课过程中,经常会把那些枯燥的问题编成各种生活小问题,如战争中的信息保密和解密、生活中的小游戏等,让学生体会到编制程序的意义和乐趣。② 运用建构主义教学观,类比迁移,灵活运用。

例如在教授循环语句时,首先讲述"高斯的故事",然后提出问题"你能编写程序让计算机从 1 加到 n 吗?",接着引导学生去发现,其实这是在重复一段相同的操作,如果我们能控制它每次加的那个数,不就可以了吗? 这时再引入 for 语句的学习,学生的兴趣都很高。再比如求数列:1,1,2,3,5,8,…的第 10 项是多少? 可以把它改编成:有一对新生兔子,从第 3 个月开始它们每个月都生一对兔子。按此规律,并假设没有兔子死亡,10 个月后有多少对兔子? 在阅读一些辅导书时,我们也发现了一些如猴子选大王、狼追兔子、齐王点兵等有故事情节的题目,引入教学后,学生感到非常有趣从而引发学生更加主动地思考问题。③ 任务教学和问题教学突破了传统教学中循序渐进、注重理论的常规做法,主张教学活动按照事先预设的问题情境和任务来达到教学目的。这种做法在实施过程中,更能调动学生的积极性和主观能动性,注重了学生的参与和实践。例如在日常教学中,可以经常编写一些简单的小游戏,引导学生分组讨论,并以小组代表身份提问。在讲解例题时,可以在正确程序中设计几个错误机关,引导学生敢于置疑。多数学生认为老师的程序是完美无缺的,但也有同学会与老师"叫板":"我的算法比你的更好"! 遇到这种情况要给予表扬与赞赏,从中还可以发现更有潜质的学生,也会让其他学生在听课时更加专心。

(五) 组建学习互助小组,实施分层次教学

不管是智力因素还是非智力因素,学生中都存在巨大的个体差异,并且这种差异会随着培训进程的发展而逐渐增大。小组合作的方式有利于减小这种差异的增长速度。但是互助性的小组合作学习并不意味着减弱了学生独立思考的能力,相反学生在独立学习的基础上进行小组合作、组内交流,思考能力会进一步得到提高。

培训初期,以班为单位划分小组,成绩较好的学生担任班长、副班长、小组长,组织小组和全班范围内的交流和互助。把一节课的重点内容设计成几个有针对性的问题,课堂上让学生分组讨论,组内推荐学生回答,最后老师点拨,对发表意见的同学提出表扬,对观点鲜明、算法精炼的小组给予赞赏。

在教学任务分配上,注重一定的层次性,使每位学生都有必须完成的基本任务,有余力的学生还有一定的拓展任务,同时要求小组长配合教师督促小组内的每一位成员完成基本任务。随着培训的深入,学生之间的差异会越来越大。这时,要打破原有小组结构,进行重组,在每个小组中安排一位信息学水平相对较高的学生担任组长。经过一学年或更长时间的培训后,这种结构还会随之不断调整。

(六) 搭建和构筑信息学奥赛日常训练和评估的有效平台,注重课后的拓展与延伸

对于高水平的竞赛选手,每周一次的日常教学是远远不够的,课后还需要大量复习和做题,以达到知识点的熟练应用。借助信息技术教师的自身优势,建立有效的网络途径,可以为学生提供更广阔的学习舞台。

(1) 信息学网站:网站是学生获取资料、成绩宣传的重要场地。栏目可以包含:新闻中心、每周作业、语言基础知识、语言教学、算法艺术、试题中心、心得、冲刺训练等。通过信息学网站,弥补学生课余时间不统一、集中授课不足的缺陷,学生可以自主选择相关内容进行

学习,这对课外习题训练、课外知识拓展、提高教学质量、激发学生的学习积极性都有很好的提升。

(2)建立信息学兴趣班QQ群,实名登记,教师、班长、组长各负其责。每天晚上7:00-9:30为集体讨论时间,组长负责本组解答,班长负责校对,教师负责统筹群内活动。学生在群里发表各自的观点,从而达到共同学习、共同进步的目的。每周作业打包发送到群共享,每周上课前公布作业完成较好的学生名单。通过采用"小组学习法"让学生在相互学习、相互交流的过程中促进整体学习氛围的形成。小组之间不断相互竞争。通过组建不同的学习团队,让学生间的水平形成阶梯状,同时也鼓励不同团队成员间的相互交流与学习。这样所产生的教学效果往往要比教师亲自教授更能促进学生自学能力的提高以及学习思维的培养。另一方面,也让教师有了充裕的时间去关注学生的学习成长,使得教师能更好地把握学生的学习动态,引导各个学生的学习。

(3)因材施教,引领优秀学生在知识的海洋中遨游。日常教学是远不能满足竞赛需要的,获奖选手也多数利用了课余时间自学,来获取书本以外的知识。因此这一时期应该向学生推荐一些书籍,如《全国青少年信息学竞赛培训教材》《数据结构与算法设计》等,让他们具有更好的程序结构思想。经过一年的培养,有些学生的水平可能会超过教师,这是辅导成功的表现之一。有时学生提问的问题可能有些难度,这时教师可以与学生一起交流,讨论问题的解决方法,在学习与讨论中共同提高。

四、组建学校信息学奥赛集训队,定期进行学科竞赛和选拔,建立信息学奥赛的长效制度

人的潜能释放需要契机,人的特长显现更需要有适合的舞台。要发现信息学奥赛方面的特长学生也需要机会,但机会不是等来的,而是要创造这样的机会,而且人的特长也不是与生俱来的,需要不断地加以培养才能使之得到进一步发展。学校成立信息学奥赛集训队,就是给在这方面有发展潜力的学生搭建一个平台,让他们有机会被发现,有机会得到考查和培养。而作为被考查对象进入这一行列,并非要经过特殊的选拔,学校的做法可以是:学校辅导班一个学期一循环,在坚持到最后的在册学生中,通过书本知识的考查,征得家长同意,加入最初的集训队伍。在以后的学习过程中,根据他们自身的发展状况,再进行反复的选择与分流,剩下的学员通过前5次仿真模拟考试成绩,再结合平时作业提交情况,组成最终的信息学竞赛校代表队。

学生在集训队经历的完整的学习过程大致可分为以下四个阶段:

第一阶段(7天):家校互动教学是学校的办学特色之一,这也正是我们所期待的和谐教育。集训队雏形建立后,召开集训队队员家长会,及时与家长交流学生的思想状况。根据家长意愿,在寒暑假带领学生参加由中国计算机学会官方组织的高水平的培训或夏、冬令营活动。通过这些活动,学生不仅能感受到学科的魅力与氛围,还能学习到高级教练员、清华学子对待科学的严谨态度和勇攀高峰的精神。不仅可以让学生有机会了解外面的世界、了解计算机专业,还能使他们在名师的熏陶下,受到很多思想上的启发。参加过夏令营的于剑和蒋梦旭同学说:"竞赛培训在难度上对我们来说是一个挑战,但也进一步促使我们认识到自

己的能力和水平离要求还有很大的距离,指明了接下来努力的方向。"

第二阶段(1 天):主要围绕竞赛进行开展,包括竞赛大纲学习、竞赛组委会推荐的 Linux 操作系统的熟练使用、GUIDE 编程环境、竞赛注意事项、竞赛技巧以及如何把握竞赛时间等等。

第三阶段(8 天):主要进行拓展型课程的学习,包括经典算法、算法应用、变式练习和综合运用等。拓展型课程是建立在基础型课程之上的以适应学生个性特点发展为主的课程,这一阶段的学习是向中级过渡的重要阶段,学生的学习策略和创新思维能力在这一阶段可以得到充分的显示。因此,在此阶段能够进一步确认、挑选出有希望取得好成绩的竞赛选手。

第四阶段(5 天):可以称之为研究型课程的学习。这一阶段主要是对学生的综合能力进行培养,包括专题讨论、做解题报告、阶段性的总结等,要求每节课让三名学生选择能够代表自己水平的试题(2 题),自己制作课件并登台展示,教师引导其他学生提出问题并给予解答。帮助学生寻找自己的薄弱点,尤其是算法上的薄弱点。同时还要寻求机会,如通过互联网上的 NOI 在线模拟竞赛系统、百度贴吧、Coder Space 论坛、QQ 群与全国范围内的一流优秀选手进行交流和感悟。本阶段以自学提高为主,需要充分发挥教师引导、学生的自主学习能力。

确认学生的信息学奥赛特长发展状况时,主要是在整个学习过程中进行观察,这可以根据学生的外显行为来判断,观察其是否有继续发展的潜力。教师进行的观察主要针对以下几方面:

(1)逻辑思维能力。包括分析问题的能力、构造数学模型的能力、有条理且步骤清晰的解决问题的能力。

(2)自主学习能力。包括反映自学水平和自学效果的若干方面。例如学生平时的问题意识,解决问题的思维方式,解决问题的步骤和最终结果,它们往往能真实地反映学生的思维水平。

(3)自我监控能力。包括其能否正确处理信息学奥赛与其他学科学习之间的关系,确保不出现偏科;对时间的安排是否合理;是否有锲而不舍的精神;面对枯燥训练的反映以及对待挫折的态度等。它们能从侧面反映出学生的自控能力和认知策略水平,这些特质都是学生在后期得以顺利发展的重要保证。

不可否认,在前四个阶段,有部分学生会逐渐被"淘汰",不过淘汰的学生不是灰溜溜地离开,而是非优劣性淘汰,或者说是适合性淘汰,这是一种慎重的选择和分流。他们中的大多数往往文化课学习仍保持良好状态,在转入其他方面发展时,由于在这一时期受到过良好的培养和熏陶,他们的表现也将会更具特点和个性。这也正体现了信息学奥赛的终极理念——普及和提优。

五、综合竞赛形势,把握竞赛脉搏,开展适应性仿真考试

NOI 以国际信息学奥林匹克竞赛(IOI)的动向为依据,NOIP 又以 NOI 的动向为依据。

因此在各级竞赛中，考查的知识点在不断变化，这些信息将会通过各种场合渗透出来，这就要求教师必须具备敏锐的知觉能力和分析竞赛新动向的能力，它们是指导老师必需的能力，需要教师在带队参加各级竞赛时去感悟。在具体实践中，教师可以在以下方面做出努力。

仿真模拟考试。通过有意识地建立与考试时相似或相同的客观环境或者心理环境，让学生在平时练习中感受竞赛的氛围，熟悉竞赛环境，建立有效的心理防御机制和应对策略，为适应竞赛预先热身，保证竞赛的正常状态。近两年的实践证明：这种仿真模拟考试对竞赛具有很大的帮助。学校机房可以完全模拟考试环境，通常在竞赛前 15 天开展仿真模拟考试。可将竞赛的 4 个小时分为四个时间段。

（1）5 分钟：认真阅读试卷说明，文件名，内存，空间限制与数据规模。

（2）50 分钟：阅读全部试题，准确分析样例数据，充分利用草稿纸，构造数学模型，使用哪种算法，如何实现，并将各题分难度进行排序，从易到难按顺序完成。

认真审题。审题对信息学竞赛来说尤其重要。同一个题目数据限制不同可能难度差异会有很大的不同。例如输入 A、B，输出 A+B 的值。如果数据限制是 $0 \leqslant A, B \leqslant 10000$，则无疑是一道很简单的题目；如果数据限制是 $0 \leqslant A, B \leqslant 10^{100}$，则显然就要用到高精度数的处理了。从某种意义上说，数据限制也暗示了可能的算法。数据小，也许是搜索派上用场的时候；数据大，可能只有考虑动态规划、数学方法等高效的算法了。

充分利用草稿纸。不要对自己的"心算能力"过于自信。编程熟练的学生喜欢"一气呵成"，拿到题目就开始编程。信息学竞赛题的思维过程是丰富而曲折多变的，考虑问题必须全面。仅凭一时的"感觉"进行编程往往会漏洞百出。有些学生常常忘记做一些初始化工作（远不止变量赋初值这种最简单的工作），还有些学生"第一感觉"的算法效率低或是错误的，程序编了一大半才发现，浪费了大量时间。求解复杂的题目时，多数人会一分心便断了思路，不知道下一步该写什么了，将思路完整地写到草稿纸上可以避免这种情况的发生。

（3）编写程序：规范地书写程序。书写程序时，要使用缩进格式，不同层次的语句向后缩进若干格，这样可以保证程序少出语法错误。另外，变量名命名应尽量有一定意义，以增加程序的可读性，调试程序时也方便。但是变量名不要太长，否则会影响编程速度，可以使用一些简短的汉语拼音或英文缩写，只要自己记忆方便就可以了。

编程时，要使用自顶向下分析和模块化的方法。可以将一些独立的功能如输入、输出功能模块化，这样在调试时可以逐模块地检查排错，将一个大规模问题分解成几个小规模问题。但是也不能盲目地将程序分割成太多模块，模块化的依据主要在于程序的内在逻辑。

一道困难的题目如果无法下手，在时间允许的情况下一定要写一个能求解一些特殊情况的程序。对于最优化题目，不要一个字都不写。可以根据"直觉"算法，如贪心算法，编写一段程序，虽然得不了满分，但也能得到一定的分数。

学生在参加竞赛时经常会遇到这样的情况：竞赛结束后自我感觉非常好，觉得题目不难，而且几道题自己都做完了，也都通过了样例数据，但是成绩出来以后却和期望中的成绩相差甚远。使用标准测试数据测试自己的程序后，才发现不是某些特殊情况没有考虑到，就是犯了小错误，如变量误用或者数组声明太小。很多学生不止一次犯过类似的错误，也常常因为这样的错误而懊悔不已，原本应该拿到的分数却没有拿到。为了及时纠正类似的低级错误,在训练中,马敏老师要求学生完成一个题目后要设计多组测试数据来测试自己的程序,从而找到程序中隐藏的错误。可以说,"测试"这一环节是竞赛中得高分的关键。

(4) 最后 5 分钟:停下手中的任何操作,检查要提交的文件夹、文件名是否正确,将程序再次运行一遍,确保准确无误。

模拟考试结束后,立即对源程序使用 Cena 评估软件进行测评。由于程序的优劣涉及算法时间复杂度与空间复杂度,一般的测试软件对教师来说不够直观。而 Cena 评估软件会对学生编写的程序进行自动评测和公平评判,教师可以根据需要为每个程序配置不同的数据测试点,直观地评测学生的程序。一个科学、有效的评估手段,能够促进学生间的竞争,提高其学习积极性。每次模拟考试后,教师需要花时间组织学生进行考后总结,分析错误原因,总结经验教训及后面学习中应注意的问题,避免同类错误的再次发生。

教无定法,教有良法。作为信息学奥赛教练员,需要不断更新观念,深入题海,研究程序算法与教法。一份春华,一份秋实。